教育助力品质城镇化

杨秀 吴志强 著

品质城镇化与教育

Quality Urbanization and Education

中国建筑工业出版社

序

2010年世博会那年中国城镇化率跨过了历史性的50%，中国人口历史上第一次出现了城镇人口数超过农村人口数。2011年，有幸参与了徐匡迪院士牵头组织的中国工程院重大课题《中国特色城镇化道路研究》。在研究调研中对九个省份城镇化发展做了田野调查，采访了上至各省主要领导，下至农村中的基层干部和村民。对城镇化路径和模式的收集和梳理，对面临的历史性升级换代到挑战，对世界的通式和中国的特点，都让自己有了切身感受和感悟。

在我们认识到"城镇化是现代化的必由之路"的时候，更需要做好的学问为：怎么为中国特制一条城镇化道路，才能让中国摆脱失败的城镇化，未来走上高品质发展之路？

2012年，我又一次为了全国规划会议的主题报告，让当时的博士生杨秀和在读的硕士生，更新了英国、德国、美国、法国、巴西、日本、韩国、南非等主要国家在城镇化率50%阶段前后的重大历史事件，包括经济、社会、环境和政策发展方面。由此得出，纵然有万般背景不同，失败的城镇化道路原因各异，但是成功的城镇化发展规律却很相似。

一条规律是"肮脏伟大时代定律"。我借用的是《双城记》作者查尔斯·狄更斯（Charles Dickens）的名言，他在形容英国城镇化率在达到50%的时候说道："这是一个最肮脏的时代，也是一个最伟大的时代。"世界各国在城镇化率达到50%左右的时期，既是城镇矛盾凸显和"城市病"集中爆发的阶段，也是蕴藏着巨大的转型发展机遇期。若引导合理，50%城镇化率前后则是城镇化走向品质发展的契机。如英国于1850年达到城镇化率50%，在此前后的英国是维多利亚鼎盛时代，工业革命的完成使英国成为世界头等强国。德国达到城镇化率50%在1893年，此时处于德意志帝国民族统一、经济繁荣的辉煌时期。美国达到城镇化率50%时约在1918年，此时美国正处于"一战"之后工业化和经济腾飞时期。日本达到城镇化率50%时约在1953年，此前后日本处于"二战"后经济高速增长时期。但是，如果没有合理的发展方式，城镇化推进最终可能会走向发展的泥沼。如以巴西和墨西哥为代表的拉美国家在达到50%城镇化率后，基本完成城镇化历程的同时，也陷入了经济发展的"中等收入陷阱"，经济增长乏力。

对中国来说，50% 城镇化率后，城镇化道路必须走向创新驱动品质发展的智力发展道路，若走以巴西、墨西哥为代表的低品质体力发展道路，决无回头机会。两条城镇化道路的分叉口上，选择怎样的城镇化道路与整个国家现代化命运息息相关。

那段时间，我们正在攻关中国城市发展战略的相关研究工作。2013 年夏日，我突然找到两个关键词："智力城镇化"和"体力城镇化"，解决了想了很久却没有找到精确表达词的问题。随后，在 2015 年《城市规划学刊》正式发表了"智力城镇化"理论。我认为，50% 城镇化率后的中国城镇化，必须从过去靠农村体力劳动到城镇体力劳动为主的人地空间转移，进入到以城镇智力创新为主的"智力城镇化"发展阶段。

本书是杨秀博士在其毕业论文的基础上进一步完善的结果，主要研究"智力城镇化"中的城市发展与教育的关系。本书从教育方面研究城镇化的规律，又是城镇化规律研究的一个子方向。

本书尝试推进城镇化进程中关于城镇发展动力及"人的城镇化"的理论研究，试图从世界城镇化发展规律中提出一条更高品质的城镇化道路（智力城镇化道路），对这种道路内涵进行解释，对如何走向这条道路进行探索。期望能以微薄的学术成果推动中国以大量消耗资源能源、依托廉价劳动力为基础换取成果的发展方式，走向以追求智力创造为核心的高品质城镇化发展阶段奠定理论支撑。

研究首先从既有的世界城镇化现状发展规律出发，根据 2012 年世界城镇化国家在城镇化道路方面的分异表现，归纳定性提出了智力城镇化道路的教育规律。智力城镇化道路之所以能提升品质，研究发现沿着智力城镇化道路发展的国家表现出"三高"社会发展表征：经济发达及产业附加值高（经济水平高）、城镇人的智力水平高（人文素质高）、知识创造转化能力高（科技创新能高、高科技企业发展）。

本书清晰指出，智力城镇化受什么因素影响？发展基础是什么？决定走向智力城镇化道路的动力是什么？在历史的维度上，是否有不同的发展类型？在数理特征上有何表现？只有解析清楚了，才能为中国走向品质城镇化道路提供可借鉴的经验和理论支撑。本书认为，走向智力城镇化道路的主要动力是教育和科技推动，其中教育是关键动力。本书研究的重点是从教育发展的视角出发进行研究，剖析智力城镇化道路的动力、类型和数理特征，而科技发展对智力城镇化道路的影响没有在研究中展开论述，希望未来其他研究者可深入推进。

值得指出的是，杨秀博士2011年追随我攻读博士学位，选择了教育与城镇化的交叉研究方向，是一种人生中注定的默默安排。她人生求学历程，恰恰证明了教育对推动品质城镇化的作用。她从乡村学前班—乡村小学—小镇初级中学—省重点高中—中部地区985大学（本硕）—东部地区985大学（博），花了约27年的时间，在几乎北纬30°空间中完成了乡村到城镇生活的转变，从西部乡村跨越到东方"魔都"安居乐业。如果没有教育，就不能改变其人生；如果没有城镇化的推进，她也许就不会进入城镇生活，来共同完成本书。

2017年各地开始"抢人"大战，充分证明品质城镇化推进过程中对"智力"的需求。以智力城镇化为代表的品质城镇化之路，还需各位有志之士勇于探索。

是为序言，为杨秀博士论文研究成果及其后续学术发展作奠基。

中国工程院院士
同济大学副校长
2020年秋
于天安花园

目 录

第一章 绪 论 　　001

1.1 中国品质城镇化研究需求 　　003
1.1.1 中国城镇化发展将在世界城镇化洪流中势不可挡 　　003
1.1.2 中国城镇化率 50% 后的城镇化道路选择非常关键 　　004
1.1.3 中国诸多城镇化问题亟待解决 　　004

1.2 研究目的及意义 　　005
1.2.1 研究目的 　　005
1.2.2 研究意义 　　006

1.3 研究思路与方法 　　006
1.3.1 研究思路 　　006
1.3.2 研究方法 　　007

第二章 城镇化研究进展 　　009

2.1 概念辨析 　　011
2.1.1 城市化与城镇化 　　011
2.1.2 城镇化概念 　　012
2.1.3 城镇化类型与城镇化道路 　　016

2.2 城镇化相关理论 　　017
2.2.1 城镇化发展动力的理论 　　018
2.2.2 城镇化阶段的研究理论 　　018
2.2.3 城镇化发展模式的理论 　　019
2.2.4 城镇化空间发展理论 　　019

2.3 城镇化道路相关理论及研究进展 　　019
2.3.1 国际城镇化道路研究理论 　　019
2.3.2 中国城镇化道路类型研究进展 　　022
2.3.3 中国特色的城镇化道路研究进展 　　026

小结 　　029

第三章 智力城镇化道路概念及特征　　031

3.1 世界城镇化发展状况　　033
3.1.1 世界城镇化进程发展状况　　033
3.1.2 城镇化进程快慢不同　　033
3.2 50%城镇化率后的城镇化道路发展分异趋势　　034
3.2.1 研究对象及城镇化概况　　034
3.2.2 "Lay"道路和"Stand"道路的分化　　035
3.3 "Lay"道路和"Stand"道路国家的产业发展特征分析　　036
3.3.1 主导产业分析　　036
3.3.2 三产从业人员　　037
3.3.3 主要劳动人口中教育水平分析　　038
3.4 "Lay"道路和"Stand"道路国家的创新能力分析　　039
3.5 智力城镇化道路概念及理论架构　　041
3.6 体力城镇化与智力城镇化道路主要显性特征　　042
3.6.1 智力主体的主要特征　　043
3.6.2 智力投入的主要特征　　045
3.6.3 智力产出的主要特征　　047
小结　　051

第四章 智力城镇化道路的影响要素与发展基础　　053

4.1 智力城镇化道路的影响要素　　055
4.1.1 影响城镇化的主要因素　　055
4.1.2 影响智力城镇化道路的主要因素　　056
4.2 智力城镇化道路的发展基础　　058
4.2.1 人的自由流动　　059
4.2.2 社会思潮牵引　　059
4.2.3 经济腾飞支撑　　061

4.2.4	政治环境稳定	062
4.2.5	智力创新保障	063

小结   065

第五章　教育发展是走向智力城镇化道路的关键动力   067

5.1 历史视角揭示教育与城镇化发展联系紧密   069
  5.1.1 世界教育思想扩散地演变进程   069
  5.1.2 世界城镇化空间扩展进程   072
  5.1.3 小结   075

5.2 教育发展可推动城镇化进程的表现   076
  5.2.1 教育推动城镇化发展的理论基础——人力资本论   076
  5.2.2 教育为人类社会发展提供不同类型的人才   077
  5.2.3 教育可促进城镇化发展的表现   077

5.3 教育发展促进走向智力城镇化道路的动力模型   079
  5.3.1 教育促进智力城镇化道路发展的动力过程   079
  5.3.2 教育发展是促进最终走向智力城镇化的关键动力   080

小结   081

第六章　智力城镇化道路中教育助力发展类型   083

6.1 历史视角分析两种城镇化道路中教育与城镇化的关系类型   085
  6.1.1 历史视角分析教育发展水平与城镇化率的相关性   085
  6.1.2 "蓄生型"与"伴生型"两种发展类型   088

6.2 英国：初等教育助力跨越走向智力城镇化   092
  6.2.1 发展基础   092
  6.2.2 城镇化发展历程   093
  6.2.3 初等教育助力英国跨越50%城镇化率走向智力城镇化道路   094

6.3	德国、美国、法国：初、中等教育助力跨越走向智力城镇化	097
	6.3.1 发展基础	097
	6.3.2 城镇化发展历程	098
	6.3.3 初、中等教育助力三国跨越 50% 城镇化率走向智力城镇化	102
6.4	日本：中、高等教育综合助力跨越走向智力城镇化国家	108
	6.4.1 发展基础	108
	6.4.2 城镇化发展历程	109
	6.4.3 中、高等教育助力日本跨越 50% 城镇化率走向智力城镇化	111
小结		**116**

第七章　城镇化发展稳定阶段教育发展与智力城镇化发展的相关性　　119

7.1	数据的获取及方法	121
	7.1.1 确定研究教育研究对象	121
	7.1.2 确定研究对象	122
	7.1.3 指标选择与获取	123
	7.1.4 研究的阶段及范围	124
7.2	教育发展水平与"经济发达和产业附加值高"的相关性	126
	7.2.1 教育中"人"指标与"经济发达和产业附加值高"指标	126
	7.2.2 教育中"财"指标与"经济发达和产业附加值高"指标	127
	7.2.3 教育中"体制"指标与"经济发达和产业附加值高"指标	128
7.3	教育发展水平与"智力水平高"之间的相关性	128
	7.3.1 教育中"人"指标与"智力水平高"指标	128
	7.3.2 教育中"财"指标与"智力水平高"指标	129
	7.3.3 教育中"体制"指标与"智力水平高"指标	129
7.4	教育发展水平与"高科技转化能力"之间的相关性	129
	7.4.1 教育中"人"指标与"高科技转化能力"指标	129
	7.4.2 教育中"财"指标与"高科技转化能力"指标	130
	7.4.3 教育中"体制"指标与"高科技转化能力"指标	131
小结		**131**

第八章　当今主要智力城镇化道路国家或地区的中高等教育发展水平　　133

8.1　主要教育发展指标的分布范围与特征　　135
8.1.1　"人"的指标　　135
8.1.2　"财"的指标　　146
8.1.3　"体制"的指标　　150
8.2　主要智力城镇化国家或地区的劳动力中教育水平差异　　155
8.2.1　高等教育劳动力构成变化　　155
8.2.2　中等教育劳动力构成变化　　156
8.2.3　初等教育劳动力构成变化　　157
小结　　159

第九章　结论与展望　　161

9.1　主要结论　　163
9.1.1　影响智力城镇化道路发展有3类领域要素与5大发展基础　　163
9.1.2　教育是促进智力城镇化道路的关键动力　　163
9.1.3　不同教育层次助力跨越50%城镇化率的智力城镇化道路阶段推动特征　　164
9.1.4　城镇化发展稳定阶段教育发展与智力城镇化发展指标的相关性低　　165
9.2　展望　　165

附录　　167
附录1　世界人口城镇化进程数据表（1800—2000年）　　168
附录2　2012年城镇化率超过50%的国家或地区列表　　168
附录3　G20成员国城镇化率（%）　　170
附录4　世界银行数据库与教科文组织数据库对应国家或地区名称编码统一表　　173
附录5　城镇化快速发展阶段教育与城镇化相关数据（英、德、美、法、日）　　182
附录6　2012年主要国家或地区的专利申请总量　　195

参考文献　　199

在我们认识到"城镇化是现代化的必由之路"时，需要做好的学问是，怎么为中国特制一条城镇化道路，让中国走上高品质发展之路？50%城镇化率后的中国城镇化，必须从过去靠农村体力劳动到城镇体力劳动为主的人地空间转移，进入到以城镇智力创新为主的"智力城镇化"发展阶段。走向智力城镇化道路的主要动力是教育和科技推动，其中教育是关键动力。从教育发展的视角出发进行研究，剖析智力城镇化道路的动力、类型和数理特征，助力我国走向品质城镇化之路。

第一章 绪论

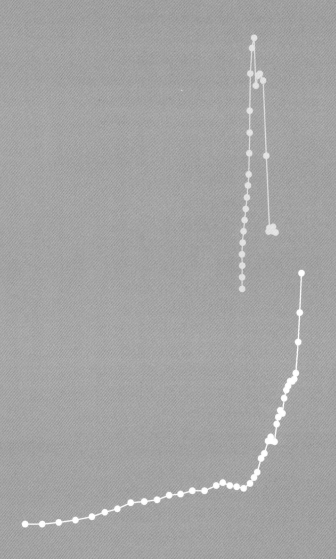

1.1 中国品质城镇化研究需求

1.1.1 中国城镇化发展将在世界城镇化洪流中势不可挡

据联合国《城市化报告》（2010）：1800年全球城镇人口5000万，城镇化率约5.1%；1900年城镇人口达2.2亿，城镇化率约13.3%；2009年全球城镇化率首次超过50%（50.1%），城镇人口达34.2亿。至此，全球正式进入以城市人口为主的"城市社会"，全球人类生活工作的中心集中在城市。根据世界银行数据库统计，截至2013年，全球城镇化率为53.0%，城镇人口达到37.63亿。全球城镇化进程已经发展成为一股不可抗逆的洪流，促进人类文明发展滚滚向前。目前，开始进入城镇化较早的欧洲和北美洲已经基本完成城镇化进程，民众人文素质与生活品质较高，经济往往占据全球化经济产业链的上游，国家创新能力较强；而"二战"后才逐步踏上稳定发展道路的亚洲和非洲，其城镇化进程多处于快速发展阶段，国家创新能力相对不足。预计亚洲和非洲将成为世界城镇化下一轮发展大规模推进地区[1]，中国作为亚洲拥有最多人口的国度，在新型城镇化持续推进过程中，将作为这轮世界城镇化发展的主力军之一。

在2014年《World Urbanization Prospects：The 2014 Revision》中，联合国人口统计局对世界233个国家或地区城镇化水平进行了统计，2013年的城镇化水平除了大洋洲Tokelau、Wallisand Futuna Islands没有统计值外，其他的数据完整。由2013年的统计值可以看出，全世界有146个地区的城镇化水平已经超过50%，有85个国家的城镇化水平低于50%，具体如图1所示。城镇化水平低于50%的国

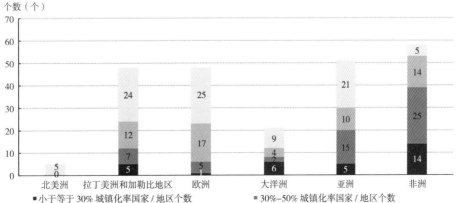

图1 2013年世界国家或地区城镇化水平分类统计图
数据来源：2014年联合国人口统计数据库urbanization方面2013年数据整理；
大洋洲Tokelau、Wallis and Futuna Islands不纳入统计

家主要集中在非洲、亚洲、拉丁美洲地区。从 2013 年的截面数据可以看出，各国家或地区的城镇化进程不同，北美洲城镇化已经完成，欧洲、大洋洲城镇化基本完成，拉丁美洲和加勒比地区的城镇化进程还有小部分国家没有完成，而亚洲和非洲的国家或地区刚进入或进入快速城镇化阶段。

1.1.2 中国城镇化率 50% 后的城镇化道路选择非常关键

纵观世界各国城镇化发展历程，城镇化率达到 50% 左右的时期，通常也是城镇化的快速发展期，也是城市矛盾凸显和"城市病"集中爆发的阶段，都曾面临着城市人口膨胀、空间高度拥挤、居住环境恶化、生态环境破坏、耗费大量能源等重大城市问题，迫切需要发展方式的改变或转型。**但是如果引导合理，50% 城镇化率前后则是城镇化将高品质推进发展的契机**。比如，英国于 1850 年达到城镇化率 50%，在此前后的英国是维多利亚鼎盛时代，工业革命的完成使英国成为世界头等强国。德国达到城镇化率 50% 约在 1893 年，此时处于德意志帝国民族统一、经济繁荣的辉煌时期。美国达到城镇化率 50% 约在 1918 年，此时美国发了"一战"的战争财，处于"一战"之后的工业化和经济腾飞时期。日本达到城镇化率 50% 约在 1953 年，此前后日本处于"二战"后经济高速增长时期。如果发展方式得不到合适的改善，城镇化的推进最终会走向泥沼，如巴西和墨西哥为代表的拉美国家城镇化最终基本完成阶段，陷入经济发展"中等收入陷阱"，经济增长乏力。

中国城镇化率 2011 年刚过 50%，城镇化道路要么最终要走向一条上升的高品质通道，要么走向快速推进后落入发展的泥沼的低品质发展道路。两条城镇化道路的分叉口上，选择怎样的城镇化道路与整个国家现代化命运息息相关。李克强总理在 2013 年中国城镇化工作会议上指出，"城镇化是现代化的必由之路"。中国改革开放 40 年以来，取得了经济社会发展的巨大成就，但是以大量消耗资源能源、依托廉价劳动力为基础换取的成果。区别于传统城镇化耗费资源、破坏环境，中国未来 30 年如何走向一条富裕、创新、人文的品质城镇化发展道路，是我们面前的重大课题。

1.1.3 中国诸多城镇化问题亟待解决

改革开放以来，伴随着工业化进程加速，我国城镇化经历了一个起点低、速度快的发展过程（图 2）。根据《2013 年中国统计年鉴》公布，2010—2012 年中国城镇化率为 49.95%、51.27%、52.57%，中国从 2011 年起，城镇人口的数量第一次超过农村人口数量，正式进入了以城市人口为主的"城市社会"。国家新型城镇

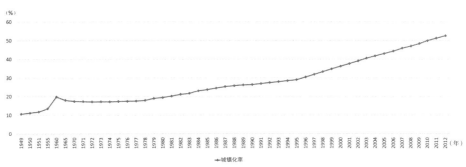

图 2　中国城镇化水平发展统计图（1949—2012 年）
数据来源：2013 年中国统计年鉴

化规划（2014—2020 年）研究发现，中国城镇常住人口在 1978 到 2013 年，从 1.7 亿人增加到 7.3 亿人，城镇化率从 17.9% 提升到 53.7%，年均提高 1.02 个百分点；城市数量从 193 个增加到 658 个，建制镇数量从 2173 个增加到 20113 个。该研究认为中国目前面临着 6 个方面严峻的挑战：大量农业转移人口难以融入城市社会，市民化进程滞后；"土地城镇化"快于人口城镇化，建设用地粗放低效；城镇空间分布和规模结构不合理，与资源环境承载能力不匹配；城市管理服务水平不高，"城市病"问题日益突出；自然历史文化遗产保护不力，城乡建设缺乏特色；体制机制不健全，阻碍了城镇化健康发展。

改革开放到 2011 年，中国用约三十年的时间，在一代人成长的时间中，从一个以农业为主的社会，跨越发展到以非农业生产为主的社会。传统乡村文明和现代城镇文明在快速城镇化进程中产生了激烈碰撞，经济、社会、环境等方面的问题随之呈现，稍有不慎，可能落入"中等收入陷阱"，进而影响现代化进程。这些城镇化问题的解决，需要我们研究世界城镇化过程中城镇化发展的规律，为中国的品质城镇化发展提供经验借鉴。

1.2　研究目的及意义

1.2.1　研究目的

从官方发布及近几年学者的研究可知，中国城镇化水平达到 50% 之后，未来城镇化发展的核心问题在于解决城镇化发展的动力及人口发展适应城镇文明扩张的问题，是选择走向一条怎样的道路才能走向更好的品质城镇社会问题。因此，本书针对中国跨越 50% 城镇化率后城镇化道路该如何选择的关键问题，系统梳理 50% 城镇化率后世界各国城镇化道路的分异情况，找出一条代表更高品质城镇化的道路（即智力城镇化道路），并解析清楚这条道路的内涵特征。主要包括研究走向这条道路的影响要素、发展基础、动力，以及从教育发展的视角来划分其发展类型、分析数理特征和发展水平，为中国跨越50%城镇化率后，走向一条创新、理性、品质的城镇化道路提供理论支持。

1.2.2 研究意义

城镇化领域的研究纷繁复杂，新型城镇化的"新"体现在何处，如何才能走上一条区别于传统城镇化道路的品质城镇化发展道路？本书通过研究世界城镇化的分异发展特征，提出了50%城镇化率后的品质城镇化道路——智力城镇化道路，并阐释这是一条怎样的道路，重点阐述教育对走向这条道路的影响，为中国跨越50%城镇化率后选择一条品质发展道路提供一定的理论支撑。

城镇化发展的主体是人，承载空间主体才是城镇，人的智力提升与城镇化品质提升息息相关。对城镇化发展的动力研究，多集中在经济领域进行分析，较少落到人的作用方面。本书研究的理论意义则是以人力资本论为基础，研究人智力提升（教育是最直接的手段）发展对城镇化品质发展的推动作用，进行品质城镇化与教育发展的交叉研究，探索城镇化领域关于城镇发展动力及人的理论研究。

1.3 研究思路与方法

1.3.1 研究思路

研究首先从世界城镇化发展规律认知出发，根据2012年世界城镇化国家在城镇化道路方面的分异表现，提出了品质城镇化道路的代表"智力城镇化道路"。本研究的核心是要解析清楚这是一条如何的道路，需要回答以下几个问题：受什么因素影响？发展基础是什么？决定走向智力城镇化道路的动力是什么？在历史的维度上，是否有不同的发展类型？在数理特征上有何表现？只有解析清楚了，才能为中国走向品质城镇化道路提供可借鉴的经验和理论支撑。

因此，本书总体的研究思路为从城镇化道路相关的理论研究评述出发，明确本研究的理论基础和研究的必要性，再从世界各国城镇化发展现状的分异性出发，提出品质城镇化之路的代表"智力城镇化道路"，并依次从影响要素、发展基础、重要动力、发展类型解释这条道路的内涵。并通过分析走上智力城镇化道路代表国家在快速发展阶段、稳定发展阶段与教育的量化关系，为中国走向品质城镇化中教育发展提供一定的理论借鉴。

1.3.2 研究方法

（1）文献收集与分析

通过对城镇化的概念、基础理论、城镇化道路、50% 城镇化率相关研究文献资料进行收集、梳理、比较研究，总结城镇化领域研究的基础理论，评述城镇化道路及相关研究的现状，为本研究深入推进奠定理论基础研究。

（2）比较法

通过比较 2012 年世界各国城镇化的进程、经济、创新性方面的表现，归纳世界各国城镇化道路的共性和差异，提出智力城镇化道路和体力城镇化道路的概念。通过 G20 国家的智力主体、智力投入、智力产出，比较智力城镇化道路和体力城镇化道路的发展特征，总结出"智力城镇化道路"的"三高"特征。

（3）社会史学的研究方法

首先通过梳理历史，分析世界城镇化推进空间演变和世界教育中心转变的进程，探索两者相互作用。其次，考虑不同层级的教育、不同国家的城镇化进程同整个社会历史发展息息相关，通过社会史学研究方法，分析不同时代的教育对不同类型智力城镇化国家跨越 50% 城镇化率时的主要影响表现。

（4）类型归纳法

类型归纳就是对各特殊的事物或现象抽出来的共通点，如机制、外部关系等进行抽象概括，总结归纳相对稳定和统一的类型。本书主要应用在归纳智力城镇化与体力城镇化道路，以及归纳教育助力跨越 50% 城镇化率的智力城镇化道路类型。

（5）计算机辅助数据处理

分析城镇化率稳定阶段后教育发展与智力城镇化发展的定量关系，所采用的数据主要来自于世界银行数据库和联合国教科文组织数据库，数据时间主要从 1970 年开始。数据整合部分涉及两个不同数据库国家名称和指标的统一，且整合数据量较大。本书采用了计算机辅助数据处理，完成了城镇化与教育数据库的构建。

第二章 城镇化研究进展

2.1 概念辨析

2.1.1 城市化与城镇化

在中国研究界中,出现城市化和城镇化两种提法,近期中国官方文件中多采用"城镇化"这一用法。有学者认为这两种用法之间具有明显的差别,即城镇化除了城市化外还包含中国特有的农村城镇化,也就是突出强调发展小城镇的地位和作用,并认为这是中国城市化不同于国外的一个显著特征(何志扬,2009)[2]。本书并不赞成两者间有明显差异的观点。

首先,1894年"国务院批转民政部《关于调整建镇标准的报告》的通知",确定设置建制镇的主要标准为:①凡县级地方国家机关所在地,均应设置镇的建制;②总人口在2万以下的乡,乡政府驻地非农业人口超过10%的,可以建镇;总人口在2万以上的乡,乡政府驻地非农业人口占全乡人口10%以上的,也可以建镇;③少数民族地区,人口稀少的边远地区、山区和小型工矿区、小港口、风景旅游、边境口岸等地,非农业人口虽不足2000人,如确有必要,也可设置镇的建制。

其次,中国传统建制镇是乡村聚落向城市发展的过渡阶段,是农村人口转化为城镇人口的前哨地域。有如下特征:以服务农村社会经济为支撑;以非农业人口为主,具有一定规模工商业;居民可以离乡不离土地;人口规模一般在2000人以上。建制镇镇区随着中国经济发展和统筹城乡政策的推进,在人口集聚、产业发展、基础设施、公共服务方面按照城市方式在发展。在沿海地区,建制镇的人口规模甚至可以达到小城市的规模(2万—20万人),甚至更高。如上海安亭镇,据2012年资料显示,常住人口已经达到25万;2013年虎门镇户籍人口12.4万人,常住人口超过50万人。所以,中国的"镇"抛开行政管理的约束,在生活生产方式上,已经是城市的概念。

再次,根据"Town"或"City"在不同国家的含义及设置标准分析(表1),国外城市的定义主要侧重于:人口数量、非农业人员、配套设施、聚居地等几个方面。中国建制镇的设置标准已与国外城市设定标准基本相符合。在《城乡规划法》中,虽然"镇"与"市"有单独的城乡规划体系,但是都包括总体规划到详细规划,享有共同的规划体系。

重要国家、地区或机构设市标准　　　　　　　　　　表 1

国家、地区或机构	设市标准
联合国统计署 UN Statistics Division	Urban：联合国统计署根据各国的情况分别定义城市（Urban）的含义，一般城市是指人口不低于 1500 人的聚集区[①]
英国 United Kingdom	不低于 10000 人的定居点 [英国授予 10000 到 1000000 人的定居点为 "City"，更大的叫 "Town"，小一些的（非正式定义的，但是从历史上看至少有一个教堂、商店、酒吧和一个邮局）和非常小的定居点被称为 Village（村庄），更小的被称为 Hamlet（村庄）]
澳大利亚 Australia	City：官方定义人口不低于 10000—30000 的城市连绵区域或者当地政府管理区域（LGA）（根据不同的情况定义）
荷兰 Netherlands	City：现代荷兰没有法律规定城市的定义，一般认为大于 50000 人的聚居点是城市，20000—50000 人的聚居点是小城市，低于 20000 人口的聚居点是村庄
葡萄牙 Portugal	City：至少 8000 多的选民（10000 左右的居民），以及一系列非农业生产服务项目规定
罗马尼亚 Romania	City：人口不低 5000 人，且有 75% 的非农业人口等条件
俄罗斯 Russia	City：人口超过 12000 人，且农业人口不高于 15% 等
德国 Germany	City：50000 人以上的聚集区
法国 France	City：2000 以上的聚落点
韩国 SouthKorea	City：人口超过 150000 才能被定义为城市[②]
保加利亚 Bulgaria	City：必须要有发达的社会和技术基础设施，人口 3500 人以上，度假城市至少 1000 人

数据来源：http://en.wikipedia.org/wiki/City 及维基百科上对各国城市（City）的定义

"城镇化"或"城市化"都主要来源于同一个英文词汇"Urbanization"[③]，从引入的根源上没有区别，都直观反映为人口逐渐向城市集聚的过程。2012 年十八大，李克强在政府工作报告中正式提到"城镇化"之后，学界比较倾向于城镇化和城市化的含义是互通的。**本研究赞同城镇化与城市化的含义一致，为了使概念上保持一致性，"Urbanization"统一采用"城镇化"。**

2.1.2　城镇化概念

（1）概念发展梳理

多年来，人口学家、地理学家、经济学家都从专业的角度，分别对城镇化的含义做了解释（表 2）。从其各自的研究领域来看这无疑都是正确的，但都无法有效

[①] 数据来源：联合国统计署 Demographic Yearbook 2005，table 6。

[②] In South Korea, cities should have a population of more than 150000, and if a city has more than 500000, it would be divided into 2 districts and then sub-communities follow as a name of dong with similar system of normal cities.

[③] 具体参见 2.1.2 对城镇化概念的梳理。在城镇化的研究领域，还有一个城镇化的词是路易斯·沃斯（1938）提出的"Urbanism"，表明城市化不仅是农村人口向城市集中，还应包括城市生活方式的扩散。从 Urbanization 到 Urbanism，实际上是城镇化从农村人口进程的量变到质变的衡量。在 2.1.2 的（1）中有论述。本书对城镇化的研究重点，主要考虑其数量变化和过程性，考虑到国内学者对城镇化英文 Urbanization 的认可，以及国际统计数据的可获取性，采用"Urbanization"的概念。

揭示城镇化的一般性，因而也就无法被其他学科的专家和学者所广泛接受和认同（刘国新，2009）[3]。

1）国外代表性的主要观点

路易斯·沃斯（1938）发表的著名论文中采用了与"Urbanization"有区别的另一概念"Urbanism"，并认为城市化意味着从农村生活方式向城市生活方式发展、质变的全部过程。沃斯所说的城市生活方式，不仅指有别于农村的日常生活习俗、习惯等，还包涵着制度、规划、方法等结构方面的内容。在他看来，城市化不仅是农村人口向城市集中，还应包括城市生活方式的扩散，即城市不仅给人们提供住处或工作，还通过交通、信息等手段，影响城市居民，进而形成具有城市特色的生活方式变化的过程（Wirth. L., 1938）[4]。

国际学术界一般接受的概念是艾尔德里奇在1952年提出的：城市化是一个人口集中的过程。包括两个方面：其一是集中点的增加，其二是集中规模的扩大，这个过程是在一段时间内将分散的人口重组为一种集中居住的模式。**他认为，尽管以人口集中来定义城市化存在某些局限，但这是唯一不会引起歧义和其他形式理解困难的概念**（H. Tisdale Eldridge, 1952）[5]。其后，艾尔德里奇在1956年深入系统地研究了社会学文献中的有关"Urbanization"的定义后发现，可以将众多的定义归结为三种（实际上是将城市化定义为三种过程）：扩散过程（a Process of Diffusion），是指城市的某些品质和特征（Urban Traits and Characteristics）向非城市地区逐渐扩散的过程，这些品质和特征主要包括城市道德规范、价值观念、信仰、发明和创新；强化过程（a Process of Intensification），是指各种城市行为和素质因不同人群的频繁接触交往而日益增强的过程；人口集中过程（a Process of Concentration），即人口学的城市化定义，这种过程实质上反映的是城市地区之间和城乡之间人口的再分布过程（H. Tisdale Eldridge, 1952）[5]。

美国学者沃纳·赫希在《城市经济学》中定义城市化是指从以人口稀疏并相当均匀遍布空间、劳动强度很大且个人分散为特征的农村经济，转变成为具有基本对立特征的城市经济的变化过程。主要把城市化只是单纯地理解为农村人口向城市转移的过程，或城市人口在总人口中的比例不断扩大的过程（沃纳·赫希，1990）[7]。

美国学者弗里德曼将城市化过程分为城市化Ⅰ和城市化Ⅱ。前者包括人口和非农业活动在规模不同的城市环境中的地域集中过程、非城市型景观转化为城市型景观的地域推进过程，后者包括城市文化、城市生活方式和价值观在农村的地域扩散过程（许学强，周一星，宁越敏，1997）[9]。简·德·伏里在1984年将这些多角度和多层面的探讨归纳为三种主要的视角：人口城市化、行为城市化、结构城市化（Jan

国外对"城镇化"含义的界定梳理　　　　　　　　　　　　表2

代表学者或重要机构	主要含义
路易斯·沃斯（美国，1938）	Urbanism，认为城市化意味着从农村生活方式向城市生活方式发展、质变的全部过程。沃斯所说的城市生活方式，不仅指有别于农村的日常生活习俗、习惯等，还包含着制度、规划、方法等结构方面的内容[4]
菲利普·豪塞尔（1965）	居住在城市的人口比例也要增加[6]
艾尔德里奇（1956）	城市化是一个人口集中的过程（H.Tisdale Eldridge，1952）。将城市化定义为三种过程：扩散过程（a Process of Diffusion），是指城市的某些品质和特征（Urbantraits and Characteristics）向非城市地区逐渐扩散的过程，这些品质和特征主要包括城市道德规范、价值观念、信仰、发明和创新；强化过程（a Process of Intensification），是指各种城市行为和素质因不同人群的频繁接触交往而日益增强的过程；人口集中过程（a Process of Concentration），即人口学的城市化定义，这种过程实质上反映的是城市地区之间和城乡之间人口的再分布过程[5]
沃纳·赫希（美国，1990）	城市化是指从以人口稀疏并相当均匀遍布空间、劳动强度很大且个人分散为特征的农村经济，转变成为具有基本对立特征的城市经济的变化过程[7]
山田浩之	一个是经济基础领域的城市化现象，另一个是在社会文化过程中的城市化现象，即城市生活的深化和扩大[8]
弗里德曼	美国学者弗里德曼将城市化过程分为城市化Ⅰ和城市化Ⅱ。前者包括人口和非农业活动在规模不同的城市环境中的地域集中过程、非城市型景观转化为城市型景观的地域推进过程，后者包括城市文化、城市生活方式和价值观在农村的地域扩散过程[9]
简·德·伏里（1984）	人口城市化、行为城市化、结构城市化[10]
矶村英一	城市化的内涵应该包括社会结构和社会关系的特点，城市化应该分为形态的城市化、社会结构的城市化和思想感情的城市化三个方面[11]

de Vries，1984）[10]。

日本学者山田浩之认为，城市化的内涵可分为两个方面：一个是在经济基础领域的城市化现象，另一个是在社会文化过程中的城市化现象，即城市生活的深化和扩大（朱铁臻，1996）[8]。矶村英一认为，城市化的内涵应该包括社会结构和社会关系的特点，城市化应该分为形态的城市化、社会结构的城市化和思想感情的城市化三个方面（崔功豪，王本炎，查彦育，1992）[11]。

我们追溯城镇化／城市化这一概念的发展过程，主要目的是强调城镇化本身所具有的复杂性，很难有一个面面俱到、包罗万象的定义。我们应该认识到，城市化是一个相当普遍的历史过程，但在不同的时期和地区，其特点都会有不同的变化。因此，城市化的每一个时期，都具有清晰的人口上、行为上和结构上的尺度（王挺之，2006）[12]。

2）国内代表性的主要观点

"Urbanization" 20世纪在70年代被翻译成中文，引入我国。首先是被我国地理学家吴友仁以"城市化"引入社会主义城市化问题的研究中。"Urbanization"在中国不同时期被翻译为"城市化""城镇化""都市化",但是这所反映的只是不同专家、学者在国家发展某一阶段在城镇发展战略上侧重点的不同(刘国新,2009)[3]。

崔功豪(1992)等地理学者的观点显然是受到弗里德曼和路易斯·沃斯等国外学者的影响。他们认为,城市化是一个农业人口转化为非农业人口、农村地域转化为城市地域、农业活动转化为非农业活动的过程,也是农村人口和非农活动在不同规模的城市环境的地理集中过程和城市价值观、城市生活方式在农村的地理扩散过程。具体来讲,包括两个方面的含义:一是物化了的城市化,即物化上和形态上的城市化,主要反映在人口的集中、空间形态的改变和社会经济结构的变化等方面;二是无形的城市化,即精神上的、意识上的城市化,生活方式的城市化,主要反映在农村意识、行动方式和生活方式向城市意识、行动方式和生活方式的转化,或城市生活方式的扩散(崔功豪,王本炎,查彦育,1992)[11]。

高佩义(1991)认为,城市化的含义包括五个层次,第一个层次是乡村不断地转化为城市,并最终为城市所同化;第二个层次是乡村本身内部的城市化;第三个层次是城市自身的发展,即所谓"城市的城市化";第四个层次是作为各个不同学科领域研究对象的城市化,如人口城市化、地域城市化、景观城市化、工业城市化和生活方式城市化等;第五个层次是最抽象意义上的城市化,即作为城市化整体运动过程的城市化(高佩义,1991)[13]。

梅益、陈原等人在主编的《中国百科大词典》中把城镇化界定为:城镇化,又称城市化,是指居住在城镇地区的人口占总人口比例增长的过程,是农业人口向非农业人口转化并在城市集中的过程。城市化过程表现为三个平行的发展方向:①城市人口的自然增加;②农村人口大量涌入城市;③农业工业化,农村日益接受城市的生活方式(梅益,陈原,2002)[14]。刘树成在主编的《现代经济辞典》中则把城镇化定义为,居住在城市地区的人口占总人口比例增长、城市数量增加及其规模扩大、城市物质文明和精神文明不断向周围农村扩散的过程,认为城市化的动力主要有两个,即供给和需求[15]。

(2)研究界定

分析人类聚居地发展变化,可以发现城镇化是一种经济和社会现象,是生产力发展后社会化大分工带来人类聚居地分化的必然结果(表3)。从本源上说,城镇出现了,城镇化就开始了;而城镇的出现,则随着社会大分工中非农业产业出现而发展。因此,第二次社会大分工后,随着城镇诞生,城镇化的进程就开始了。虽然城镇化的研究集中在1800年之后,但是不等于城镇化开始于工业化之后。

人类社会第二次社会大分工中,随着手工业和农业的分离,出现了直接以交换为目的的商品生产。在地理位置优越、交通便利、易于交换的地点，便逐渐形成了专门用于商品交换的现代意义上的城镇[16]。随着分工的进一步扩大，商业和生产的分离和社会分工的细化，规模效益和集聚效益促使城镇不断动态变化，出现了小城市、大城市和特大城市。人类在不断往城镇聚集，不断获取更好的生产生活条件的过程就被称为"城镇化"。工业化只是开启了大规模生产的时代，加快了城镇化的进程，是一种快速促进城镇化的重要推力。

社会化大分工对人类聚居地变化的影响　　　　　　　　　　表3

社会分工	产业特征	人类聚居地
第一次社会大分工	畜牧业从农业中分离出来	固定的居民聚居地开始形成，为城镇的产生奠定了最初的基础
第二次社会大分工	手工业和农业，出现了直接以交换为目的的生产，即商品生产	地理位置优越、交通便利、易于交换的地点，便逐渐形成了专门用于商品交换的现代意义上的城镇
第三次社会大分工	分工的进一步扩大表现为商业和生产的分离，商人、工人产生	商人的出现使各"城市彼此发生了联系"。村镇就变成了小城市，而小城市又变成了大城市

数据来源：根据恩格斯在《家庭、私有制和国家的起源》的论述，进行整理

综上所述，城镇化的概念可以从不同学科角度进行多维解读，含义从单一的经济、人文地理、人口方面的表现，扩大到社会、文化等多方面的表现。**本研究认为城镇化是一个系统的概念，是人类文明在生产力发展变化下，不断向城镇聚居的过程，是城镇整体发生运动变化的过程。主要表现为：城镇人口比例的增加、城市文明不断向乡村文明扩展、城市居民主体素质不断提升等方面。其包含的隐形含义是"城镇发展优先"或者"支持城镇的扩大"。**

历史上，城镇化不是人为主观推动出现的，而是伴随着经济与社会的发展而客观发展的；城镇化的发展，大量的生产力要素在城镇集聚，推动了社会生产力的发展，也反过来促进人类经济社会的发展。根据马克思主义，一切都是运动的，城镇化的过程也是一个随着客观条件而不断变化发展的过程。

2.1.3　城镇化类型与城镇化道路

城镇化类型的划分，主要是城镇化过程静态点或面的总结；而城镇化道路则是对城镇化整体发展过程的总结。国内学者对城镇化类型和城镇化道路并没有截然地区别，根据道路的含义推理"城镇化道路"应该是达到对应"城镇化类型"的过程。

（1）城镇化类型

城镇化类型，可以从不同角度进行分析，是一种全过程或某个阶段的状态总结，

比如从与工业化的关系角度可以分为适度城市化、过度城市化和滞后城市化；从城市规模结构角度可以分为大城市化、小城市化和大中小结合型的城市化；从城市空间布局角度可以分为集中型城市化、分散型城市化以及网络型城市化和据点型城市化。此外，从城乡空间拓展过程，可以划分为"乡村城镇化""就地城镇化"和乡村都市带（Ruralopolises）等不同的城镇化发展。

（2）城镇化道路

道路的基本解释为：供人马车辆通行的路，两地之间的通道；也用于比喻事物发展或为人处世所遵循的途径，如"社会主义道路"。本书对道路的取义主要是侧重后者的意思，取其"途径"的意思，隐含着达到某种目的过程和方式。城镇化道路是一种达到城镇化某种状态的过程或途径，在这个过程中可以表现多种不同的城镇化类型（城镇化道路类型）。如智力城镇化是一种城镇化的类型，而"道路"取义"达到某种目标的途径"，智力城镇化道路则是指地区或国家达到智力城镇化的途径。

2.2　城镇化相关理论

城镇化领域涉及一个巨大的复杂系统，研究的内容浩瀚如海，涉及经济、环境、文化、社会、技术、空间等诸多领域。从 1867 年塞尔达提出了城镇化的概念到 20 世纪 80 年代，对城镇化研究主要集中在以欧洲和美国为代表的城镇化起步较早的发达国家，主要从经济增长、人口迁移等各方面阐释城镇化为什么出现及如何发展。

目前城镇化领域代表性理论，主要集中在城镇化动力、阶段、模式、空间等方面。历史上城镇化有相同的地方，比如"S"形曲线规律、经济发展阶段性规律、城镇空间拓展规律、人口结构转换规律，以及阶段性出现相似的经济、社会、环境和科技发展问题的规律；也有差异的地方，比如地域分布不平衡、不同城镇化道路、城镇化动力差异性等。但是主要对城镇整体进程的研究，易忽略城镇化进程中不同阶段城镇化发展规律的多样性和特殊性。虽然，城镇化领域在城市地理、社会、经济、人口、环境领域的研究成果颇多，但是城镇化中对人的变化研究并不多，主要集中于人创造出来的经济价值，以及城镇化中人的迁移研究。而对城镇化过程中提升劳动力（人）主要手段——"教育"的研究偏少（可直接提升劳动生产率），主要是舒尔茨（T. W. Schultz）基于研究经济增长而提出的"农民学习模型"有所涉及[17]。

2.2.1 城镇化发展动力的理论

城镇化发展动力的研究，目前主要集中在经济增长的动力和人口迁移的动力。经济增长的动力，主要以刘易斯（W. A. Lewis）的二元经济结构理论、根据二元经济结构理论发展的"刘易斯－费景汉（John C. H. Fei）－拉尼斯（Gustav Ranis）模型"、乔根森（D. W. Jorgenson）的二元经济模型、舒尔茨（T. W. Schultz）的农民学习模型、钱纳里（Chenery. H.）、塞尔昆（Syrquin. M.）的就业结构转换理论等为依据。从农村城市二元结构经济理论，发展到更多影响因素的农民学习、就业转换理论。而人口迁移研究方面，主要以人口迁移的"推拉理论"、刘易斯（Arthur LEWIS）和费景汉－拉尼斯（John C. H. Fei and Gustav Ranis）的农业剩余劳动力转化的经济理论、哈里斯－托达罗（J. Harris and M. Todaro）的农村－城镇人口流动的经济理论[18]，以及一些经典经济学理论为理论依据，对不同国家（地区）和不同历史阶段的城镇化的主要动力因素进行分析和解释。藤田昌久和克鲁格曼（2005）的空间经济学理论（也称为新经济地理理论）、杨小凯（2003）的新兴古典经济学理论，对城市的产生和发展提出了新的理论解释，为城镇化研究提供了新的理论依据。

城镇化进程是一个复杂系统变化过程，并不是经济或者社会人口迁移单一因素或者某几个因素就可以决定的。不论怎么分类，这些研究仅从某一领域切入进行深入研究。因为，城市化的动力在城市化的初期主要来自商业化，后来工业化加速，再往后则主要来自城市服务业的发展与新兴产业的创新。多元结构论、就业转换论、"拉力"与"推力"是某一领域专业说法。而在我国，对于城市化过程中不同动力发生作用的条件与作用机理的分析一直是不够的。

2.2.2 城镇化阶段的研究理论

对城镇化进程阶段的划分研究，主要是以钱纳里（Chenery）的城镇化与经济发展水平相关联的理论，诺瑟姆（Northam）的城镇化"S"形发展曲线及其三个阶段的划分思想为理论依据，对不同国家（地区）、不同历史阶段的发展趋势和演变规律进行研究预测，并提出了一些理论修正和解释[18]。这些研究或从经济发展，或从城乡关系，或从人口向城市聚集的趋势，基于面上的数据，进行了数理方面的研究阶段划分。虽然划分方式、划分标准不同，科学精确地刻画和描述城镇化发展阶段难以互相认可，但是对基本对城镇化起步缓慢发展－中期快速发展－后期成熟缓慢发展的总体发展趋势是趋于认同的。

2.2.3 城镇化发展模式的理论

研究针对不同国家（地区）不同阶段的城镇化的现象特征进行分析归纳，从人口向城市聚集、经济发展方式和空间扩展三方面分析视角出发，主要提出了"逆城镇化""反城镇化""超前城镇化"以及"后城镇化"（城乡融合论、后工业化的城镇化、全球化时代的城镇化）、"乡村城镇化""就地城镇化"、麦基（McGee）的"Desakota"、Qadeer（2000）的乡村都市带（Ruralopolises）等不同的城镇化发展模式，同步城市化、过度城市化、滞后城市化和逆城市化。2010年，仇保兴从可持续发展的角度，提出了城镇化的"A"模式、"B"模式和"C"模式[19]。城镇化进程的模式由于各国经济、社会、环境等方面的条件变化，千差万别，没有统一的模式可言。所以，这些概念和模式仅仅在各自的研究语境中得到确认，并没有形成统一的研究结论，理论的特殊分析意义更为重要。此类研究近期更多关注国家或地区的结合当地特征的发展模式。

2.2.4 城镇化空间发展理论

城镇化在地理空间上的表现，主要是空间的拓展变化，从点到面，再到区域网络的形成。一方面，可以用来解释城镇化中城市空间发展理论，主要是以区位理论为基础。区位理论主要由德国经济学家提出，分为三种类型，分别是以冯·杜能（J. H. Von Thunen）为代表人物的农业区位论、以韦伯（A. Weber）为代表人物的工业区位论、以克里斯托勒（W. Christaller）[20]和勒施（A. Losch）为代表人物的城市区位论。另一方面，可以用来解释区域空间发展理论，主要是指非均衡增长理论。包括法国经济学家佩鲁（F. Perroux）的增长极理论、瑞典学者缪尔达尔（Gunnar Myrdal）的循环累积论、赫希曼（A. Hirschman）的非均衡增长论、美国城市规划学家弗里德曼（A. J. Friedmann）的中心—边缘理论等。这些都是经济地理专业主要提出，可作为城镇化空间变化的基础理论出现，但是真正专门研究随着城镇化进程的推进，空间是如何变化的理论较少。

2.3 城镇化道路相关理论及研究进展

2.3.1 国际城镇化道路研究理论

（1）城镇化道路的单一过程论

在20世纪50—60年代，以钱纳里（Hollis B. Chenery）、库兹涅茨（Simon Kuznets）为代表的一批学者通过跨国比较发现，城镇化进程具有一定的规律。

1979年美国地理学家诺瑟姆（Ray. M. Northam）发现，各国城镇化进程所经历的轨迹，可以概括成一条稍被拉平的"S"形曲线。对于各国城镇化发展过程所经历的轨迹，可以分为初期阶段、中期阶段和后期阶段。初期阶段，城镇化率低于30%，城镇化发展速度比较慢，基本动力是工业化的发展，城市的发展主要靠工业生产聚集的人口资源与金融资本，而城市的空间形态一般呈现"点"状结构。中期阶段，城镇化率在30%—70%之间，城镇化发展速度普遍加快，在传统工业继续发展、新兴工业不断出现的同时，第三产业发展迅速。后期阶段，城镇化率大于70%，**第三产业**已成为城镇化的主要动力，科技、文化、金融、信息、经济的高速发展使得城市的职能更加复杂多样，虽然城镇化发展速度下降，但城市的空间不平衡得到缓解，城乡一体化基本形成（杨波，朱道才，景治中，2006）[20]。

在这样的理论背景下，20世纪80年代左右的主流观点认为，发展中国家的经济发展道路与西方发达国家并没有什么差别，发展中国家会重复西方发达国家的城镇化道路，城镇化的发展可以分为城镇化初期、中期和后期完成阶段，并且城镇化、工业化和经济发展同步推进（何志扬，2007）[2]。

此类研究，主要是从城镇化发展的整体过程出发，从经济发展与城镇化水平的关系出发，论证城镇化特点，对不同时代背景、不同国家发展个体特征下城镇化的差异考虑不多。他们多通过数理分析论证，致力于科学精确地刻画和描述城镇化发展的阶段，并认为城镇化的发展从速度上来讲，要经历基本的城镇化起步缓慢发展－中期快速发展－后期成熟缓慢发展的总体发展趋势。此类研究主要对当时已经进入城镇化稳定阶段的发达国家研究得出的结论，缺少对发展中国家的研究，也缺少对发达国家城镇化进程不同阶段更为深入的研究，较少深入分析各国经济、社会、环境、教育等影响要素的变化对城镇化的影响，主要探索整体面上的表现。

（2）多样化的城镇化道路研究理论

20世纪70—80年代，发展中国家的城镇化发展显示出了与预期道路不同的特征，城镇化水平大大超越了工业化和经济发展水平，城市人口过度膨胀，由此引发了一系列的"城市病"，困扰着发展中国家的城市发展。西方学者针对发展中国家的城镇化道路发展特征，分别提出了"过度城市化""无工业化的城市化""无发展的城市化""过度城市化但滞后城市性"等词来形容发展中国家正在经历的与发达国家不同的城市化道路。

布莱恩·贝利（Brian J. L. Berry）的城镇化道路多样化观点对后续研究影响颇深。他从社会文化背景和发展阶段的不同，来探讨世界不同国家和地区城市化道路的差异和多样化的后果，认为在20世纪快速城市化过程中，由于文化背景和发展阶段的不同，世界各个国家和地区的城市化虽然存在很多共性，但是城市化道路各不相同，并产生了多样化的结果。他指出，发展中国家的政府受西方理念的影响，对城镇化的速度、规模和方向予以控制，但其政策目标往往难以实现，并产生了不同于发达国家的城镇化道路，如人口主要迁往大城市的外围聚落，城市在吸纳农村转移劳动力的同时产生了空间扩散、阶级冲突和次文化马赛克等问题。在分析20世纪70—80年代世界城市化发展状况的基础上，贝里发现世界不同国家和地区的城市形态和过程的差异在进一步加大，如美国经历了加速分化和强有力的"逆城镇化"现象，西欧和其他新兴工业化经济体则更多地出现了离心化和分散化的平衡发展趋势，而发展中国家的人口却不断向大城市聚集，出现了西方发达国家不曾有过的许多问题（布莱恩·贝里，2008）[22]。布莱恩的主要贡献在于提出了城镇化道路的多样性，指出发达国家和发展中国家城镇化过程中的各类不同表现和特征，但是没有系统总结出来道路的类型。对发展中国家城镇化道路研究方面，西方学者偏重于个人自由行为和市场机制在城镇化发展中的作用，认为不当的政府政策是发展中国家城镇化出现各种问题的根源。实际上，他们忽视了发展中国家普遍缺乏完善和成熟的市场机制，特别需要政府的培育和保护（何志扬，2009）[2]，单靠市场解决不了发展中国家的城镇化问题。

仇保兴在划分城镇化模式时将国外模式概括为三类：以西欧、日本为代表的政府调控下的市场主导型城市化、以美国为代表的自由放任型城市化和受殖民地制约的发展中国家的城市化（仇保兴，2006）[23]。这种划分简单明了，不同地区间的城市化道路的特征也非常明显，但是对发展中国家城市化道路的分析较笼统，忽视了发展中国家城市化道路的显著差别。倪鹏飞等人在区分代表性国家和地区的基础上探讨了城市化道路的类型，总结出以西欧、北美、拉美、东欧、东亚、东南亚、南亚、撒哈拉以南非洲等八个地区的城市化道路的不同特征（倪鹏飞，等，2007）[24]。

何志扬（2009）总结前人研究，秉承布莱恩·贝里世界多样化城镇化道路的思想，采用多层分类的方法对世界城镇化发展道路进行国际比较研究。第一次层次分为发达国家的城镇化道路和发展中国家的城镇化道路，突出强调了发达国家和发展中国家城市化道路的差别。第二层次分为以西欧、美国、日本、拉美、东欧、南亚国家为代表的城镇化道路，强调了发达国家和发展中国家的地域差别和文化差别，以更好地细分出世界上典型的城镇化发展道路。针对每种道路，皆从人口城镇化的进程、与工业化的关系、城镇规模结构、城乡关系、市场和政府的作用几个方面对6类主要世界城镇化道路进行了系统梳理[2]。此类研究深化了对城镇化道路多样性的研究，划分方式也更加多维，但主要是在梳理总结，较为欠缺对进程中动力的分析。

巴西、墨西哥等国家城镇化进入后期阶段，表现出与发达国家不同的城镇化道路特征，因此对多样化城镇化道路的研究逐渐增多。多样化的城镇化道路主要讨论发展中国家独特的城镇化背景、条件和发展路径，不断探讨发展中国家城镇化道路的根源，及在新的世界发展背景下的动力机制，形成了城镇化道路多样化发展的基础思想。

（3）小节评述

国际城镇化的道路是多样性的，已经成为大多数学者的共识。在多样化的城镇化道路研究方面，主要是从经济能力（发达国家、欠发达国家）、市场和政府的作用、社会人口发展和工业化快慢关系来划分城镇化的道路类型，主要在于归纳统筹出类型特征，并没有阐述各种类型的动力及影响要素等。并且多种道路研究并不注重城镇化过程中人的提升路径探讨，也缺乏直接指出或回应哪条道路是品质的城镇化道路。研究的视角过多地注重城镇化主体"人"以外的外在影响机制（社会、文化、体制等），而人本身的变化（尤其是智力）可能对城镇化造成的影响分析较为缺乏。

2.3.2　中国城镇化道路类型研究进展

关于中国城镇化的研究在我国久已存在，早期主要限于城市规划学界，重点是围绕着我国城市的发展方针展开的，较少使用"道路"一词。20 世纪 80 年代初以后的十多年间，关于城镇化道路的争论十分热烈，所论涉及有关城镇化理论的方方面面，如城镇化的动力、机制、一般过程、一般规律、空间展开形式等，参加学科之广，观点立论之杂，使得进行综述研究也变得相当困难。赵新平与周一星等人认为，城镇化道路问题成为全国多种学科争论的焦点，是从费孝通的《小城镇　大问题》一文（载《江海学刊》1984 年第 1 期）催生出来的，从此"道路"一词用于城市化（城镇化）时主要指城市化的"模式"选择，而"方针"一词就使用得越来越少了（赵新平，周一星，2002）[25]。此后，对城镇化模式、类型和道路的研究较多，可视为中国城镇化道路类型研究的基础。

20 世纪 80 年代以来对中国城镇化道路的研究，主要是从城镇规模、与经济增长关系、政府和市场在城镇化中的作用等，归纳总结城镇化的发展道路。其中，研究城镇规模导向下的城镇化道路占据主导地位，主要基于经济发展角度，从与工业化、经济增长的关系分析城镇化道路的类型。

（1）城镇规模划分为主的城镇化道路

由于最初的城市化道路之争是从发展小城镇是中国"城镇化"的正确道路的

立论开始的,城市规模就成了最初讨论的中心,并由此形成了"小城镇论"及与之相对的"大城市论",随后又派生出"中等城市论"与"大中小论"等。总结起来,学术界大概有 4 种关于城镇规模和城镇体系视角的城镇化道路学术主张:①以重点发展小城镇为主;②主张重点发展大城市为主;③主张重点发展中等城市为主;④大、中、小城市齐头并进,实行"多元发展模式",协调发展的城镇化模式(赵新平,周一星,2002)。[25]

1)小城镇发展为主的城镇化道路

1980 年国家建设委员会制定的"严格控制大城市,合理发展中等城市,积极发展小城市"的城市发展方针,放宽了对城市发展和要素自由流动的限制。建制镇和小城市得到了快速的发展。在 20 世纪 80 年代中期之后,随着费孝通先生《小城镇 大问题》一文的发表,一段时间里,小城镇为主的分散式发展道路成为理论界与决策层的主流思潮,全国小城镇遍地开花(蔡继明,周炳林,2002)[26]。周如昌和陈健(1984)[27]研究认为"发展农村工业,综合建设农村城镇,就地转化农村人口"是我国乡村城市化的主要途径。小城镇发展重点论的学者,主要从促进农村产业发展、提高农民收入、促进农村人口转移角度来论证。但是实际经验表明,小城镇从经济聚集效益、人口集聚功能导向、小城镇发展的效率、资源和土地的使用效率等方面不如大中城市。

2)大城市发展为主的城镇化道路

在大城市发展为主的城镇化道路研究方面,许庆明(1999)[28]支持走大城市发展为主的城镇化道路,他认为从区域内经济发展看,重点发展中等城市,并把中等城市培育成为大城市是产业结构高级化、合理化的内在要求,而从区间的关系看,重点发展大中城市,才有利于接受更高等级城市的辐射。因为较大城市会产生明显的集聚效应,带来更多的规模收益、就业机会和发展动力。从产业职能和产业功能上看,大城市具有进行可持续发展的优越条件(蔡继明,周炳林,2002)[26]。

3)中等城市发展为主的城镇化道路

一部分学者主张我国人口城市化应该主要走发展人口规模在 20 万—50 万的中等城市的道路(吴道文,1992)[29]。周延明(1994)[30]研究不主张"遍地开花建小镇,就地消化转移劳力"的城市化道路,其理由如下:第一,小城镇遍地开花,规模过小,形不成相应的城市功能;第二,发展小集镇的道路有不可克服的矛盾;第三,小集镇发展道路不利于实行城乡一体化,最终不能实现中国经济的现代化。其从城市功能和效益等方面出发,研究认为以县城为主,发展中小城市是我国城市化道路的最佳选择。

4）多元规模的城镇化道路

谢文惠（1981）[31]研究认为，我国底子薄、农业人口多，为了加速工业化和城市化，必须两条腿走路，应建立大中小相结合的城市系统与农村小城镇系统的城镇体系，是具有中国式特点的城镇化道路。宁登（1997）[32]认为我国地域辽阔，生产力和地区经济发展水平很不平衡，应根据我国社会经济政治结构特点，实行二元城市化发展战略。在广大落后的农村地域，加快工业化的步伐和农村城镇化；在相对发达的城市化地区，实行以城市圈为中心提高内涵为主的城市现代化战略。赵大治和蔡予（2003）[33]研究认为小城镇的发展应以制度创新为主，大中城市的发展应将技术创新和制度创新相结合，共同推动城镇化。

（2）其他主要的城镇化道路研究

1）以城镇扩散还是集中发展来划分的城镇化道路

部分学者从人口、劳动和生产力在空间上分布情况，提出了集中型城市化和扩散型城市化。周天勇、张弥（1990）[34]研究认为，从微观规模经济和城市（宏观）规模经济及负效应看，我国应走集中型（规模化）的城市化道路。这里说的微观规模经济实际是微观经济学里的企业生产上的规模经济和经营上的规模经济，城市（宏观）规模经济是城市经济学中的集聚效应，二者都指"规模收益递增"。刘家强（1996）[35]认为，中国的城建方针决定了中国必将循着分散型的人口城市道路推动其人口城市化的发展，积极发展小城镇是分散型人口城市化道路的关键和重心。杨波、朱道才、景治中（2006）[36]研究认为城市化进程可以分为前期阶段和后期阶段，集中型城市化和大城市化是前期阶段的主要特征，扩散型城市化和城市区域化是后期阶段的主要特征，并通过研究证明城市规模越大，人均产出和地均产出就越高，其中，200万人口以上城市的人均产值和地均产出分别是20万人口以下城市的2.5倍和23倍。

2）以政府和市场在城镇化中作用划分的城镇化道路

部分学者从政府、市场与城镇化发展主体或城镇化的动因方面出发，进行城镇化道路的研究，提出了相关类型的城镇化道路。崔援民、刘金霞（1999）[37]通过分析国外城镇化道路，提出原始自发型城市化模式和政府主导型城市化模式。其认为原始自发型城市化模式，是随着经济的发展和人口的迁移而自发进行的，政府缺乏必要的调控和干预，其后果是"城市病"和"农村病"并存。而政府主导型城市化模式，是随着经济的发展，人口的流动和迁移及政府的宏观调控而进行的，以保证城市化稳步健康发展。赵新平、周一星（1999）[38]研究认为中国存在两种基本类型的城市化：自上而下的城市化和自下而上的城镇化。仇保兴（2005）[39]研究认为，城镇化的模式与世界各国经济政治体制、经济发展及人口、土地资源等条件密切相关,可将世界城镇化发展概括为以西欧为代表的政府调控下的市场主导型城镇化,以美国为代表的自由放任式的城镇化,以拉美和非洲部分国家为代表的受殖民地经济制约的发展中国家的城镇化等三种模式。

(3)小节评述

实际上,基于城市人口规模来确定的"小城镇主导""大城市论""中等城市论"的城市化道路,具有明显的缺陷和不足,论证与经济效益的关系因为实证原因也并不统一。中国相关规模城镇化道路的提出与发展,与中国城市发展规模的方针息息相关(表4)。同"扩散"还是"集中"来划分城镇化道路一样,其只是对城镇化载体空间的变化特征进行总结。中国对城镇化道路类型的研究,主要集中在规模、

1949年以来城镇发展的主要方针　　　　　表4

文件	1949年以来城镇发展主要方针
1945年《论联合政府》	"建设很多的近代的大城市,就要有一个变农村人口为城市人口的长过程。"
"一五"时期	"重点建设,稳步前进"的城市建设方针,确保了当时国家工业建设的中心项目所在的重点工业城市的建设
20世纪从50年代后期到1976年以前	中心思想转向"分散",强调"控制大城市规模和发展小城镇"。基本上反映了当时"备战、备荒"的国家战略和大搞"三线"工业,"分散、靠山、隐蔽","不建集中城市"等指导思想
1978年,第三次全国城市工作会议《关于加强城市建设工作的意见》	提出了"控制大城市规模,多搞小城镇"的方针,这是我国首次明确提出的城市发展方针
1980年12月,国务院批转《全国城市规划工作会议纪要》	"控制大城市规模,合理发展中等城市,积极发展小城市"是我国城市发展的基本方针。(1980年全国城市规划工作会议最先提出)
1980年国家建设委员会	对我国制定的"严格控制大城市,合理发展中等城市,积极发展小城市"的城市发展方针是拥护的
1989年12月	《中华人民共和国城市规划法》严格控制大城市规模,积极发展中等城市和小城市
2001年3月,《中华人民共和国国民经济和社会发展第十个五年计划纲要》	走符合我国国情、大中小城市和小城镇协调发展的多样化城镇化道路,逐步形成合理的城镇体系
2002年11月,党的十六大报告	要逐步提高城镇化水平,坚持大中小城市和小城镇协调发展,走中国特色的城镇化道路
2007年10月28日,《中华人民共和国城乡规划法》通过	删除关于城市发展方针的表述
2014年〔25〕号《国务院关于进一步推进户籍制度改革的意见》	统筹推进工业化、信息化、城镇化和农业现代化同步发展,推动大中小城市和小城镇协调发展、产业和城镇融合发展。进一步调整户口迁移政策:全面放开建制镇和小城市落户限制(50万人以下);有序放开中等城市落户限制(50万—100万人);合理确定大城市落户条件(100万—300万人/300万—500万人);严格控制特大城市人口规模(500万人以上)

政府与市场的关系等方面，集中讨论城镇化在空间载体在城镇化过程的集聚形式，讨论政策因素的影响，较少关注城镇化主体"人"和城镇化品质。

2.3.3 中国特色的城镇化道路研究进展

早在1991年，高佩义[40]分析大量世界城镇化研究资料表明"当一个国家或地区城市人口比重达到50%以后……各种社会矛盾和问题暴露得最充分。一旦城市人口占总人口的比重超过50%达到60%以上时，这种病症便开始好转"（图3）。李浩（2013）[41]选择8个具有典型代表性的国家进行重大事件历史分析，证明了50%城镇化率后是"城市建设矛盾凸显期和'城市病'集中爆发阶段"。因此，在50%城镇化率之后，选择一个符合中国特色的城镇化道路非常关键。

众多学者研究指出，中国城镇化道路的选择，近年主要是延续多样化的城镇化道路思想，多以提出中国特色城镇化道路和新型城镇化道路为研究对象。对中国城镇化道路选择的研究，到底走哪条道路，主要停留在定性的层面，没有得到充分的论证，其代表性的学术观点主要如下。

简新华、刘传江（1998）[42]研究提出中国的城镇化道路需要考虑：与工业化和农业现代化同步发展的道路；多元化道路；市场推动的城市化道路；政府主导型的城市化道路。

汪光焘（2003）[43]研究认为中国城镇化道路面临特殊的国情：经济体制是社会主义市场经济体制；社会制度方面不同于西方国家的失地农民，进城农民是农村剩余劳动力，并且依然有土地保障；从工业化道路看，中国需在信息化高速发展中赶超，用现代技术来实现工业化；从人口流动看，城镇化过程中人口流动数量巨大，人口素质有待教育提升以满足城镇化的发展；区域发展不平衡。中国城镇化发展需要注意：正确认识流动人口在城镇化进程中的作用，城镇密集地区和大城市都市圈，

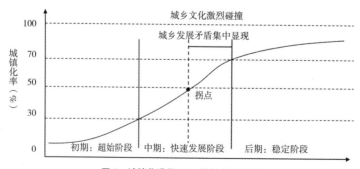

图3　城镇化进程50%的拐点思想绘图
资料来源：以诺瑟姆城镇化曲线为基础，结合高佩义、巴曙松、杨现领等拐点思想绘制

重视土地政策研究，制定适应小城镇发展的财政政策。

仇保兴（2005）[44]研究针对国外城市化发展的经验教训和我国城镇化面临的危机，阐述我国应走资源节约型的城镇化发展道路，并提出了六点具体对策。他研究认为研究城镇化的模式与世界各国经济政治体制、经济发展及人口、土地资源等条件密切相关，城镇化发展并没有一成不变的固定模式。探究国外城镇化发展过程，目的是总结经验、吸取教训，按照中国的国情和时代发展的要求，积极引导我国城镇化的健康发展。机械照搬"一般规律"、盲目套用其他国家的经验，甚至强制推行某种模式，都不符合中国的国情（仇保兴，2005）[39]。

辜胜阻、易善策、李华（2009）[45]研究认为中国的城镇化需要走有中国特色的城镇化道路，要在产业转型与体制转型的背景下，将人口城市化与农村城镇化、"政府推动"和"市场拉动"的城镇化机制结合起来，并积极多渠道地解决农民工市民化问题。

程必定（2008）[46]认为，我国应走以城乡协调发展为目标的，"结构转移型"为主导的新型城市化道路，其显著特征是，在城市的带动和辐射作用下，周边广大农村地区的社会经济结构会发生深刻的城市化转型，主要包括产业结构、就业结构、空间结构、文化结构的城市化转型。

李柏文、杨懿、李慧新（2009）[47]研究认为，从城镇化历史看，中国一直在走特色的城镇化道路，从古代的行政型城镇化道路和市镇化道路，到近代的商业城镇化道路，再到当代的乡镇工业小城镇化道路。从城镇化动力产业的角度来看，中国推动城镇化依赖众多的产业，古代主要依赖手工业和商业，近代主要依赖商业和近代工业，现代主要依赖新兴工业和第三产业。无论是从历史还是产业的视角，以第三产业作为中国城镇化的动力产业将是未来中国特色城镇化的主要道路之一。

刘嘉汉与罗蓉（2011）[48]研究认为，与西方经典的城镇化模式相比，我国城镇化道路表现出两种模式结合的特点：基于中心城市集聚与扩散的城镇化模式，基于小城镇和乡镇工业的城镇化模式。研究认为，新型城镇化的核心是发展权，并认为城镇化发展权的五种实现路径为：以"代内发展＋代际转移"为特征的人力资本推动型；"资产建设＋个人账户"为特征的金融资本推动型；"文化认同＋组织重构"为特征的社会资本推动型；"住宅资本化"为特征的物质资本推动型；"留地安置＋产权改革"为特征的自然资本主导型。

李晓江、尹强、张娟（2014）[49]研究认为，未来中国城镇化道路发展，在空间上，城镇化的重点将从沿海地区转向中西部地区，从长距离迁移转向本区域和省内的流动；在层级上，城镇人口同时向特大城市和县级单元两端聚集。因此，提出多层级、多方式推进城镇化的总体思路；提出把县级单元作为重点，推进本地城镇化，促进城乡协调发展的思路。并剖析了城镇化进程中存在的过度依赖投资与土地，资源过度向大城市集中，转移人口就业与家庭分离等突出问题。

很多学者提出，中国特色新型城镇化道路，是既不简单模仿西方发达国家的城镇化模式，也不重复过去我国不完全城镇化、粗放型城镇化模式，又吸取一些拉美国家在工业化与城镇化进程中跌入"中等收入陷阱"教训的城镇协调发展之路（宋林飞，2011）[50]。

小结

  城镇化的概念是一个系统化的概念，其发展与城镇发展息息相关，主要表现在：城镇人口比例的增加、城市文明不断向乡村文明扩展、城市居民主体素质不断提升等方面。"城镇化"概念的内涵不仅限于城市人口绝对数量的增加和相对比重的提高，也不只限于城市数量的增长和城市规模的扩大，更应表现在城镇结构规模改善、城镇治理能力提升和城镇居民生产方式先进和生活品质提升。城镇化不仅要重视对"量"的提升，更重要是要提升"质"的方面，是"质"与"量"结合和统一变化的过程，是不断追求品质城镇化的过程。

  1949年以来，学术界和实际实践中常以城镇体系发展的规模论（如人口、经济等）来讨论城镇化发展的主要道路，或者以"经济增长"为目标来探讨城市化道路或城市化模式，研究重点是对城镇化发展的人口数量、城市数量和经济数量、政策（经济体制、城市政策）变化、空间的聚散变化等方面的研究，而对城镇化的质量，比如生活质量、经济质量、城市可持续等方面进行研究的较少，对城镇化主体"人"的变化及作用的研究也较为缺乏。关于城市化道路或模式的研究多停留在城市规模的争论或道路或模式的描述性分析，未指出代表未来趋势的城镇化道路类型，也并未对如何踏上这条道路进行系统的研究。

  城镇化率超过50%，表现的突出特征是总体上城市人口超过农村人口，进入城市文明为主的时代，并不一定代表在50%阶段具有拐点说等。本书选择50%城镇化率这个关键点，是对当前一个时代背景研究要求的选择，核心是期望为以下问题提供理论支持：50%城镇化率后的城镇化发展走向何种道路，才能走向可持续的城镇化，城镇居民走向品质生活。

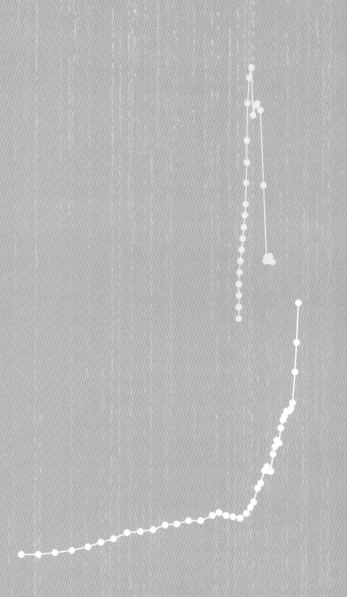

第三章 智力城镇化道路概念及特征

3.1 世界城镇化发展状况

3.1.1 世界城镇化进程发展状况

城镇化现象伴随着人类城镇的出现而产生、发展，但是在工业革命之前，城镇化的进程非常缓慢。相关资料显示，经历几千年人类社会发展，到 1800 年全世界城镇化率仅为 3.1%（图 4）。自工业革命开始后，欧洲地区城镇快速发展，随后 19 世纪北美等地区城镇快速扩张，到 1900 年全球城镇化水平提升为 13.6%。在 20 世纪之前，全球除欧美资本主义国家外，其他地方城镇化水平整体较低且发展缓慢。

进入 20 世纪后，全球城镇化进入快速发展时期，拉美、北非、亚洲、北欧地区是全球城镇化主要阵地。1900—2000 年，全球城镇化率从 13.6% 快速增加到 46.6%；世界城镇化率年均增速在 1950 年高达 3.1%，年均增速约 2% 以上。世界城镇化率 2007 年已经达到 50.1%，城镇人口首次超过农村人口，标志着全球正式进入城市时代。截至 2013 年，世界城镇人口有 38.02 亿人，城镇化率达到 53.1%。

2014 年《世界城镇化展望》指出，全球城镇化还将是持续推进的过程，预计到 2050 年全球城镇化率将达到 66.4%。当今世界城镇化发展主要有以下特征：区域分布不平衡、城镇化进程与城镇化质量差异大。

3.1.2 城镇化进程快慢不同

根据诺瑟姆的城镇化"S"曲线理论，城镇化率达到 70% 的国家基本完成城镇化进程，进入稳定城镇化发展阶段；城镇化率 30%—70% 阶段为城镇化快速发展阶段。本书选择城镇化率超过 70% 的主要国家为研究对象，分析其完成快速城

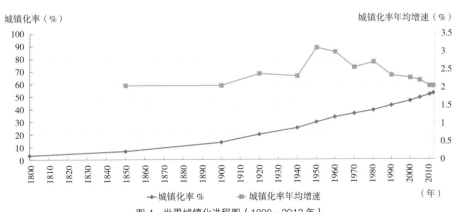

图 4 世界城镇化进程图（1800—2012 年）
数据来源：1950 年以前数据根据四川人民出版社《世界各国人口手册》整理；
1950 年以后数据，根据联合国人口统计数据库的 Urbanization 数据整理

镇化进程的时间,发现英、德、法、美老牌发达国家快速城镇化进程开始早,经历时间较长(表5)。最早完成城镇化进程的英国,从30%—70%城镇化率基本完成耗时约66年,50%—70%城镇化率阶段用了约34年;法国基本完成城镇化进程耗时最长,达到约102年,但是50%—70%城镇化率阶段只用了约36年,30%—50%城镇化率阶段的时间较长,达到约66年;美国基本完成城镇化进程耗时约69年,50%—70%城镇化率阶段用了约42年,30%—50%城镇化率阶段用了约27年;韩国和日本基本完成城镇化进程约为20年,50%—70%城镇化率阶段分别用了约11年、12年,30%—50%城镇化率阶段用了约14年。

2013年世界国家或地区城镇化水平统计　　　　　表5

国家	2013年城镇化	到达不同城镇化率的年份			30%—70%城镇化率基本完成的时间	30%—50%城镇化率基本完成的时间	50%—70%城镇化率基本完成的时间
		30%	50%	70%			
英国	82.1	1819	1851	1885	66	32	34
德国	74.9	1855	1893	1940	85	38	47
法国	79.1	1865	1931	1967	102	66	36
美国	81.3	1891	1918	1960	69	27	42
日本	92.5	1941	1953	1967	22	14	12
巴西	85.2	1935	1964	1986	51	29	22
韩国	82.2	1963	1977	1988	25	14	11
中国	53.2	1994	2011	—	—	17	—

数据来源:1950年数据来自于世界银行数据库,1950年以前数据也比照了"The Making of Urban Europe,1000—1994"(Pad Hohenberg, Lynn Lees, 1995)城镇化率(%)以及各国统计网站。2013年数据来自于联合国人口统计局数据库资料
方法:根据可以获取的数据进行线性分析后,插值获取相应的值

3.2　50%城镇化率后的城镇化道路发展分异趋势

3.2.1　研究对象及城镇化概况

根据2014年世界银行数据库城镇化率与经济数据分析,2012年城镇化率超过50%的国家或地区有118个。其中7个国家缺失人均GDP数值,不纳入研究范围。研究发现,城镇化率达到50%后,不同国家或地区的城镇化道路发展出现分异(表6)。其中32个国家或地区人均GDP的水平达到25000美元以上,基本都属于发达国家行列;12个国家人均GDP水平在15000—25000美元之间,处在发展转型的阶段,如希腊、葡萄牙等;67个国家或地区的人均GDP在15000美元以下,主要集中在亚洲、南美洲等欠发达地区。

2012 年城镇化率超过 50% 的国家或地区统计表　　　　表 6

	城镇化率大于等于 70% 的国家或地区	城镇化率 50%—70% 的国家或地区	
		城镇化率 65%—70%	城镇化率 50%—65%
人均 GDP 小于 15000 美元	阿根廷，保加利亚，白俄罗斯，巴西，哥伦比亚，多米尼加共和国，阿尔及利亚，加蓬，乔丹，黎巴嫩，墨西哥，马来西亚，巴拿马，秘鲁，帕劳群岛，苏里南，俄罗斯，土耳其，乌拉圭，委内瑞拉	玻利维亚，哥斯达黎加，多米尼加，厄瓜多尔，匈牙利，伊朗，伊拉克，立陶宛，拉脱维亚，蒙古，萨尔瓦多，突尼斯，乌克兰	安哥拉，阿尔巴尼亚，亚美尼亚，阿塞拜疆，博茨瓦纳，中国，科特迪瓦，喀麦隆，刚果，佛得角，加纳，斐济，冈比亚，格鲁吉亚，洪都拉斯，克罗地亚，瓜地马拉，海地，牙买加，印度尼西亚，哈萨克斯坦，摩洛哥，马其顿，黑山，尼日利亚，前南斯拉夫，尼加拉瓜，波兰，巴拉圭，罗马尼亚，塞尔维亚，圣多美和普林西比，塞舌尔，图瓦卢
人均 GDP 15000—25000 美元	巴林，巴哈马，智利，塞浦路斯，捷克共和国，韩国，马耳他，阿曼	爱沙尼亚	希腊，葡萄牙，斯洛伐克共和国
人均 GDP 大于等于 25000 美元	阿联酋，澳大利亚，比利时，百慕大群岛，文莱，加拿大，瑞士，德国，丹麦，西班牙，芬兰，法国，英国，中国香港，冰岛，以色列，日本，科威特，卢森堡，中国澳门，挪威，荷兰，新西兰，波多黎各，卡塔尔，沙特阿拉伯，新加坡，瑞典，美国	奥地利，意大利	爱尔兰

数据来源：根据 2014 年世界银行数据库城镇化率与经济数据分类整理统计

3.2.2　"Lay" 道路和 "Stand" 道路的分化

分析 2012 年世界主要国家或地区城镇化率水平与人均 GDP 的增长关系，可以发现当城镇化率水平达到 50% 之后，城镇化发展道路开始分化。从已经达到城镇化稳定状态的国家或地区看，主要可分为两类道路：

第一条道路是城镇化率与人均 GDP 同时提升的健康之路，国家发展稳定，人民生活较为富裕，本研究称为 "Stand" 道路。城镇化率超过 70% 以后人均 GDP 超过 15000 美元的国家或地区共有 37 个（含中国香港和澳门），主要代表国家有美国、澳大利亚、法国、英国、日本等发达国家。

第二条路则是城镇化率不断提升，人民生活质量和经济能力却没有得到同样速度的提升，国家发展面临巨大的危机，本研究称为 "Lay" 道路。城镇化率超过 70% 以后人均 GDP 低于 15000 美元的国家共有 20 个，主要代表国家有阿根廷、墨

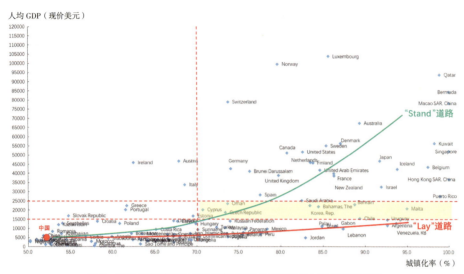

图 5　2012 年超过 50% 城镇化率国家的城镇化率与人均 GDP 散点图
数据来源：2014 年世界银行数据库
注：对 2012 年城镇化率超过 50% 且有人均 GDP 统计数字的 110 个国家进行统计分析

西哥、巴西、俄罗斯、土耳其等国家，以南美洲和东欧剧变国家为主。

中国跨越城镇化率 50% 的门槛后，面临一条"Y"形道路的选择：要不走向城镇化与经济同步发展的健康"Stand"道路；要不走向经济发展滞后于城镇化发展的动荡"Lay"道路（图 5）。值得指出的是，当国家或地区城镇化率达到 70% 后，人均 GDP 在 15000—25000 美元之间，其城镇化发展道路还存在发展不确定性，稍有不慎则会进入不可持续的发展路径，如捷克共和国、巴哈马群岛、巴林、智利、塞浦路斯等。

3.3　"Lay"道路和"Stand"道路国家的产业发展特征分析

本节以经济发展具有代表性的 G20 国家为主要研究对象（欧盟整体除外），从主导产业、三产从业人员、劳动人口中教育水平三方面发展，分析走向两类城镇化道路国家的产业发展特征。

3.3.1　主导产业分析

G20 主要国家中"Stand"道路代表国家中，除沙特以矿产资源石油为主要支柱产业之外，英国、美国、澳大利亚、加拿大虽然本身具有良好的矿产资源，城镇化过程中经历了依靠能源矿产发展的重要阶段，但是城镇化率 70% 之后现代服务业发达，助力提升产业的智力创新能级（表 7）。

两条道路国家的主要产业比较　　　　　表7

	国家	国家经济主要产业概述
"Lay"道路国家	阿根廷	世界粮食和肉类的主要生产和出口国，工业门类齐全，农牧业发达
	巴西	农业、采掘业、制造业和服务业较为发达，劳动力充足。严重的收入不均是巴西的主要问题
	墨西哥	拥有现代化的农业和工业，汽车制造业是墨西哥的支柱产业。人均收入不平衡、政局动荡、具有外债危机
	俄罗斯	十分依赖天然资源的出口。目前是全球最大的天然气出口国及OPEC以外最大的原油输出国
	土耳其	在生产农产品、纺织品、汽车、船只及其他运输工具、建筑材料和家用电子产品方面具有一定领导地位
"Stand"道路国家	英国	服务业非常发达，特别是银行业、金融业、航运业、保险业以及商业，服务业占GDP比重最大且处于世界领导地位。能源生产占总GDP的10%（发达国家中最高）
	德国	工业基础坚固，拥有高技术的工业、庞大的股本，具有高创新能力。2011年服务业约占德国国民生产总值的71%
	法国	经合组织中第二大接收外国直接投资国家，主导产业依然是工业，特别是钢铁、汽车和建筑方面，是八大工业国中生产力最高的国家，拥有先进的工业技术
	美国	服务业，尤其是金融业、航运业、保险业以及商业服务业占GDP比重最大，全国3/4的劳力从事服务业
	韩国	是外向型经济，国际贸易在韩国GDP中占有很大比重，是世界第七大出口国和进口国
	意大利	国际贸易与出口金额位居世界领先地位，创新的商业、创意农业、创意及高品质汽车与电气工业以及服装设计闻名世界
	澳大利亚	十大农产品出口国、六大矿产资源出口国之一。金融业、商业和服务业极为发达
	加拿大	全球十大贸易国之一，经济高度国际化。加拿大经济以服务业为主，约有3/4的国家从事该行业。有能源可出口
	日本	第三产业，特别是银行业、金融业、航运业、保险业以及商业服务业对GDP贡献最大，占全国GDP逾70%
	沙特	以石油为支柱，全球最大的石油出口国（探明石油总量是世界的24%）

注：对各国经济的总结，主要参考维基百科对各国的经济介绍进行归纳

3.3.2 三产从业人员

以20国集团（G20）为例，2010年三产从业人员比例分析，当城镇化率超过65%之后，各国三产从业人员比例都超过了50%，但是进入城镇化"Stand"道路国家的第三产业从业人口比例普遍高于"Lay"道路国家（阿根廷除外）（图6）。"Lay"道路国家代表墨西哥、阿根廷、巴西、俄罗斯和土耳其等第三产业以低端的服务业为主，主要包括个人消费服务、批发和物流等低端生产性服务等。而"Stand"道路国家日本、韩国、美国、英国等，第三产业从业比例非常高，且多以智力化和

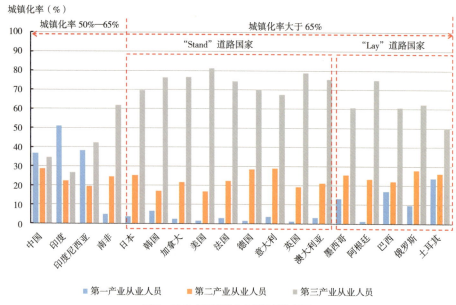

图6 2010年三产从业人员比例分析图
数据来源：根据2013年中国统计年鉴数据进行分析整理

资本化的第三产业为主，包括科技、教育、总部经济、金融、创意设计、流通等行业。比如同样是汽车行业，在德国主要是以汽车制造标准、发动机核心技术和金融资本支持为主，以核心科技力提供了高附加值的智力型工作岗位；而在墨西哥和土耳其的汽车制造业，虽然从产值上来看非常繁荣，并且努力打造自主核心品牌，但是主要为代工、加工和仿制国外的主要品牌汽车，并不掌握核心汽车研发能力和创新设计能力。

3.3.3 主要劳动人口中教育水平分析

以2008年主要G20国家的不同教育水平人口所占劳动人口的比例分析（图7），G20国家中"Stand"道路代表国家的高等教育人口所占劳动人口的比例多在20%以上，只有意大利的比例在16.6%，低于主要"Lay"道路国家。"Lay"道路国家中俄罗斯的高等教育人口的比例较高，达到54%，但是由于俄罗斯无法发挥智力人才的创造力和社会价值，所以俄罗斯还属于"Lay"道路。整体来看，如果用教育水平高低来衡量人口智力水平的高低，可以发现2008年主要G20国家高等教育以及中等教育以上人口分别占劳动人口比例显示，"Stand"道路国家的劳动人口普遍智力水平高于"Lay"道路国家。

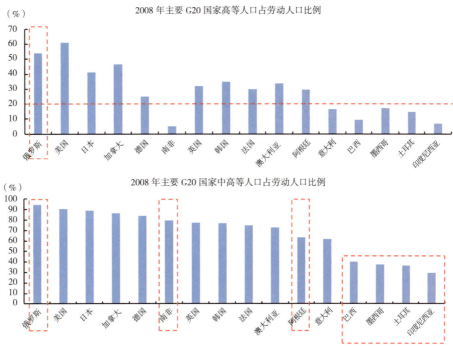

图 7 2008 年主要 G20 国家高等教育人口以及中高等教育人口分别占劳动人口比例
数据来源：根据 2012 年《国际统计年鉴》相关数据绘制

3.4 "Lay"道路和"Stand"道路国家的创新能力分析

本节以诺贝尔奖和菲尔兹奖获得者国家分布水平来分析国家的创新能力（表8），因为两个奖代表着科技创新能力和高端智力水平[①]。

分析 1901—2014 年以来，两种类型的获奖人当时所在国籍可以发现（图8、图9），前 10 名分别是：美国、英国、德国、法国、瑞典、日本、瑞士、俄罗斯、荷兰和意大利，其中美国、英国和德国三国获奖人次所占比例达到总获奖人次的 56.9%（有双国籍或三国籍的人，分别对应计算 2 或 3 个国家）。入围前 20 名国家中只有俄罗斯、南非目前不属于"Stand"道路国家，其他 18 个都属于"Stand"道路国家。去掉诺贝尔文学奖、和平奖，分析诺贝尔自然科学类奖和菲尔兹奖的获奖人员国籍频率前 20 名统计表，可以看出相比于全获奖名单前 10 名国家除了排序名次外基本不变，前 20 名国家入围人员名单除了西班牙、新西兰、爱尔兰以及排名

---

① 1901 年开始的诺贝尔奖，以及相当于诺贝尔数学奖的菲尔兹奖（始于 1936 年），其代表者是自然科学、社会和文学方面重大的发现或发明者，是对将研究成果应用到人类社会、造福人类杰出人物的最高科学肯定。

诺贝尔奖和菲尔兹奖的获奖人员国籍频率前20名统计表，诺贝尔自然科学奖（不含文学奖、和平奖）和菲尔兹奖的获奖人员国籍频率前20名统计表（1900—2014年） 表8

诺贝尔奖和菲尔兹奖的获奖人员国籍频率前20名统计（1900—2014年）				诺贝尔自然科学奖和菲尔兹奖的获奖人员国籍频率前20名统计（1900—2014年）			
排名	国家	频率	比例	排名	国家	频率	比例
1	美国	299	34.6	1	美国	268	41.2
2	英国	107	12.4	2	英国	86	13.2
3	德国	86	9.9	3	德国	72	11.1
4	法国	67	7.7	4	法国	44	6.8
5	瑞典	29	3.4	5	俄罗斯(含苏联)	21	3.3
6	俄罗斯(含苏联)	27	2.7	6	日本	20	3.1
7	日本	23	2.3	7	瑞典	17	2.6
8	瑞士	20	2.2	8	荷兰	15	2.3
9	荷兰	16	1.8	9	瑞士	15	2.3
10	意大利	15	1.7	10	奥地利	10	1.5
11	奥地利	13	1.5	11	澳大利亚	9	1.4
12	丹麦	13	1.5	12	丹麦	9	1.4
13	比利时	12	1.4	13	加拿大	9	1.4
14	加拿大	11	1.3	14	比利时	8	1.2
15	以色列	11	1.3	15	意大利	8	1.2
16	澳大利亚	10	1.2	16	以色列	7	1.1
17	南非	8	0.9	17	挪威	3	0.5
18	挪威	8	0.9	18	新西兰	3	0.5
19	西班牙	7	0.8	19	匈牙利	3	0.5
20	爱尔兰	6	0.7	20	中国	3	0.5

数据来源：根据维基百科数据整理统计绘制，以获奖时国籍算

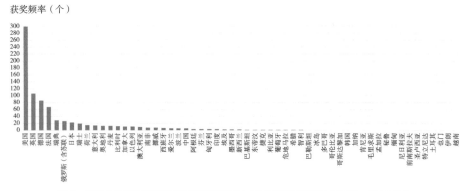

图8 诺贝尔自然科学奖和菲尔兹奖的获奖人员国籍频率统计图（1900—2014年）
数据来源：根据维基百科数据整理统计绘制

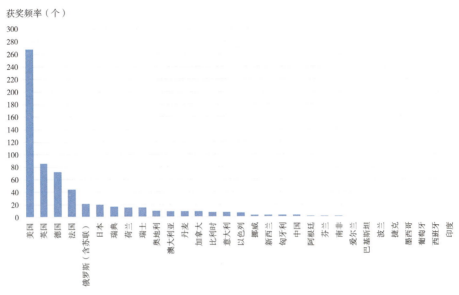

图 9　诺贝尔自然科学奖（物理、化学、生物、医学，不含文学奖、和平奖）和
菲尔兹奖（相当于诺贝尔数学奖）的获奖人员国籍频率统计图（1900—2014 年，不含文学和和平奖）
数据来源：根据维基百科数据整理统计绘制

略有变化，其他入围国家不变。数据表明"Stand"道路国家科技创新能力和智力水平，普遍比"Lay"道路国家高。

3.5　智力城镇化道路概念及理论架构

"Stand"道路和"Lay"道路的根本区别在于，"Stand"道路主要国家经济增长主要靠智力化、资本化的产业为支撑，走创新、科技的高附加值经济发展道路，在全球化经济网络中占据中心或关键节点位置，整体创新能力较强；而"Lay"道路主要国家经济增长则是依靠能源、资源、廉价劳动力为主的产业，其劳动附加值低，在全球化经济网络发展中处于劣势地位，整体创新能力较弱。所以本书认为"Stand"道路，实际上多是"智力"产业支撑为主的城镇化道路，叫智力城镇化道路；而"Lay"道路则多是"体力"产业支撑的城镇化道路，叫体力城镇化道路。

本书定义智力城镇化道路是依靠智力化产业为基础的城镇化发展道路，整体表现出创新性，国家走上理性的发展道路，其主要显性表征为城镇化率超过 70% 后（进入稳定城镇化阶段），人均 GDP 大于 15000 美元；体力城镇化道路则是依靠出售资源能源、提供廉价劳动力产业为基础的城镇化发展道路，整体表现依托消耗大量资源能耗发展，国家容易陷入动荡的发展局势，其主要显性表征为城镇化率超过 70% 以

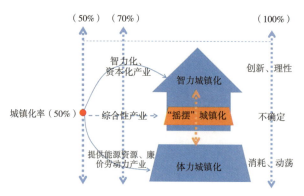

图 10 "智力城镇化"与"体力城镇化"的理论架构
数据来源：作者自绘

后（进入稳定城镇化阶段），人均 GDP 小于 15000 美元。[①] 智力城镇化道路的理论架构见图 10。从前面分析可知，智力城镇化道路（"Stand"道路）国家在经济能力、劳动者教育水平以及创新能力方面，明显高于体力城镇化道路（"Lay"道路）国家。

城镇化率超过 70% 后，人均 GDP 介于 15000—25000 美元间的国家则会再次分化，部分成为发展稳定的智力城镇化国家，如韩国，部分出现发展放缓或出现转型危机而成为摇摆发展的国家，如塞浦路斯、捷克，可以称之为"摇摆"城镇化区间。2012 年希腊的城镇化率为 61.7%，人均 GDP 为 22442 美元，面临严峻的外债危机，若无法创新发展，则有可能出现向体力城镇化国家发展的趋势。

3.6 体力城镇化与智力城镇化道路主要显性特征

基于"劳动者—生产力"之间关系以及人力资本论，推理假设引起城镇化道路分异的基础或根本是城镇化主体"人"的差异，尤其是受人"智力化"高低的影响造成的。本节拟从国家或地区城镇化发展过程中智力主体、智力投入和智力产出三方面的智力城镇化与体力城镇化道路的区别进行研究。根据数据可获取性，智力主体主要选择高等院校适龄入学率、每百万人中研究人员数进行研究、每百万人中技术人员数；智力投入选择科研投入量占 GDP 比例进行研究、公共教育支出所占 GDP 的比例；智力产出则从人均高科技出口（现价美元）、本国居民和外国居民的专利申请量、科研期刊文章数进行研究。

从 20 国集团 1960—2012 年数据分析可知，智力发展要素的各项指标值主要随

---

① 以上量化数据根据 2012 年人均 GDP（现价美元）和城镇化率之间的分布关系总结，划分标准应会随经济发展水平变化、通货膨胀而变化。

着城镇化进程的不断推进而提升，但是智力城镇化国家在这些指标方面的提升速度明显高于体力城镇化国家，并且在绝对值方面普遍高于体力城镇化国家。

3.6.1 智力主体的主要特征

人的品质是城镇化能否智力发展的关键要素，智力主体的量越大，能够走上智力城镇化的道路概率越大。

高等院校适龄入学率方面分析（图11），智力城镇化国家，以美国、英国、法国、韩国为例，城镇化率达到70%以后，高等院校适龄入学率在不断提升中，普遍大于55%。第一类为韩国、美国、德国、英国、沙特，城镇化水平分别超过70%后已经基本稳定，其高等院校适龄入学率总体上一直在迅速增加。第二类为法国、日本，城镇化率超过70%之后，高等院校适龄入学率趋于平稳增加。第三类为加拿大，城镇化率超过70%之后，原来高等院校适龄入学率不断增加的趋势改变为逐年快速降低，到2012年的60%左右。体力城镇化国家中，除了阿根廷之外，高等院校适龄入学率都在50%以下。其中以巴西最低，城镇化率78.3%的时候高等院校适龄入学率仅为11.8%，所以巴西在城镇化70%以后不断提升公共教育支出，以提升其智力主体质量。而俄罗斯和阿根廷，其高等院校适龄入学率均超过70%，甚至超过法国、德国、英国的水平，但是由于其发挥不出智力人才的效用，以致城镇化发展受到严重阻碍。

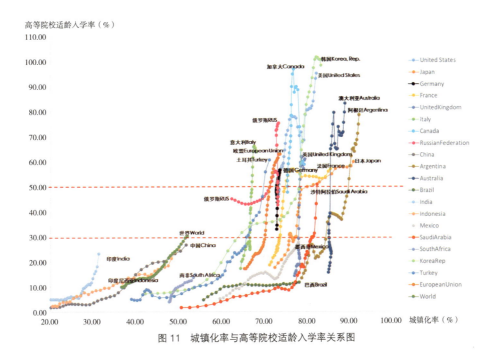

图11　城镇化率与高等院校适龄入学率关系图

从每百万人中研究人员数量方面分析（图12），智力城镇化国家和体力城镇化国家的每百万人中研究人员数量，在总量和增速方面具有明显的差异。城镇化率65%之后，法国、美国、韩国、日本等的每百万人中研究人员数量均高于2000人。其中，韩国和日本最高，2012年的指标均超过5000人。而墨西哥、阿根廷、巴西为代表的体力城镇化国家，每百万人中研究人员数量均低于1000人。其中俄罗斯虽然具有较高的每百万人中研究人员数量，但是近年其总量在不断降低，从4000人左右下降到3000人左右。在发展速度方面，体力城镇化国家城镇化率超过70%之后，在70%—85%的区间，数量从2000人迅猛增加到4000—5500人。而体力城镇化国家进入70%城镇化率之后，每百万人中研究人员数量缓慢增加，从70%—85%之间，仅仅从200增加到1000人左右。

从每百万人中技术人员数量方面分析（图13），智力城镇化国家和体力城镇化国家在每百万人中技术人员数量方面，与每百万人中研究人员数量差异表现非常一致。城镇化率70%之后，智力城镇化国家的水平随着城镇化水平的推进，每百万人中技术人员在70%—85%区间快速上升，数量均高于700人，其中加拿大、德国、法国的最高，在1500—1900人左右。体力城镇化国家则随着城镇化率的变化，均不超过700人，且个别国家的数量在逐渐降低（俄罗斯）。日本的每百万人中技术人员数，在城镇化率78%—90%区间，从700人下降到约570人。但是日本的每百万人中研究人员数量很高，填补了科技人员逐步减少带来的危害。但是近二十年来，日本每百万人中研究人员和技术人员的总量是在减少，对日本未来的智力发展带来一定的影响。

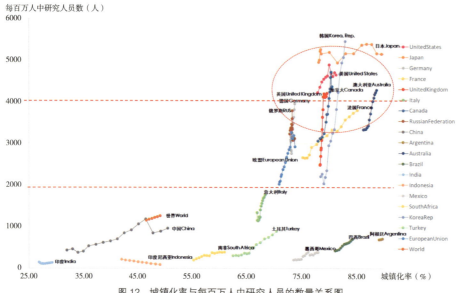

图12　城镇化率与每百万人中研究人员的数量关系图

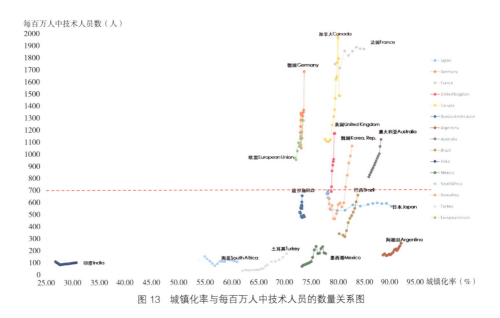

图 13　城镇化率与每百万人中技术人员的数量关系图

3.6.2　智力投入的主要特征

智力投入的大小，决定着城镇化能否创新发展的基础储备，是城镇化发展能否智能化发展的重要推动因素。

科研投入量占 GDP 比例方面（图 14），以美国、韩国、日本、德国、英国为代表的智力城镇化国家，在城镇化率超过 70% 之后，依然快速持续增加科研投入量，

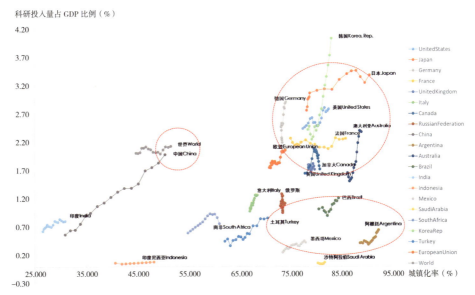

图 14　城镇化率与科研投入量占 GDP 比例的关系图

以推进掌握高附加值产业技术力量，推动国家创新智力发展。如图 14 所示，智力城镇化国家科研投入量占 GDP 比例普遍高于 1%，而体力城镇化国家的科研投入量随着城镇化率提升不稳定发展或缓慢提升，普遍低于 1%。

从公共教育支出所占 GDP 的比例分析入手（图 15），两条道路差异的区别体现在随着城镇化水平的推进，公共教育支出所占 GDP 的比例由增加到减少的城镇化率区间。智力城镇化国家，在城镇化率 65%—75% 期间仍然在快速加大公共教育投资量，直到在城镇化率 75% 以后，基本完成了适应城市现代生活的国民教育后，才逐渐降低其所占 GDP 的比重，随后稳定维持在 4.5%—6.5% 区间。体力城镇化国家，其国家公共教育支出所占 GDP 的变化趋势的城镇化率水平主要是滞后性，往往在城镇化率水平达到 80% 左右才是投入的高峰期，导致国民教育水平的提升速度远远跟不上城镇化的发展速度。比如阿根廷、巴西公共教育支出所占 GDP 的比例目前还没有下降的趋势，主要是用于弥补人口城镇化快于产业城镇化所带来的人口质量提升的欠账。

公共教育支出占政府支出的比例方面（图 16），与公共教育支出所占 GDP 的比例所反映出来的智力城镇化与体力城镇化的特征基本一致。智力城镇化国家公共教育支出占政府支出的比例从城镇化率 70% 后，都从高峰点趋于降低，比例维持的区间在 10%—15%；以巴西、阿根廷、墨西哥为代表的体力城镇化国家在城镇化率 70% 以后仍然在持续加大投入比重。智力城镇化的国家，虽然其公共教育支出占政

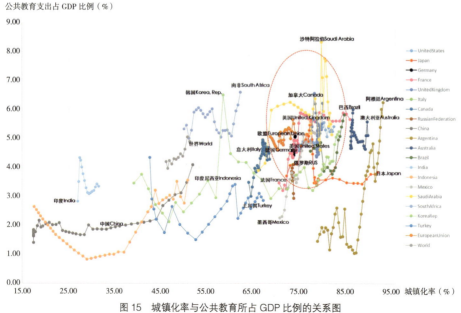

图 15　城镇化率与公共教育所占 GDP 比例的关系图

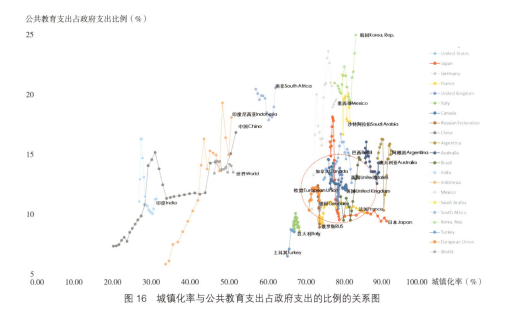

图16 城镇化率与公共教育支出占政府支出的比例的关系图

府支出的比例并不高,但是其大学入学率很高(见高等院校适龄入学率分析),充分说明了智力城镇化的国家教育不仅仅是靠国家投入,也靠引入民间资本,普遍低于体力城镇化国家的投入比例。

3.6.3 智力产出的主要特征

能否产出有价值的智力产品,促进社会创新和创造经济价值,为国家进一步发展积累创新动力,是衡量城镇化是否可以走上智力化可持续道路的重要标准。

从人均高科技出口额方面分析(图17),智力城镇化国家的值远远高于体力城镇化国家。智力城镇化国家在城镇化率70%—80%之后,高科技出口的人均值呈现爆发式增长,这要归功于之前这些国家对于智力投入的不断增加;从智力投入和智力产出拐点产生的时间上来看,各个国家的智力产出的拐点时间相对于智力投入具有不同程度的滞后性。例如,韩国在75%城镇化率之后,加大了公共教育的投入,而其高科技出口的高速增长拐点约出现在城镇化率80%之后,滞后了十年左右(从1991年到2000年)。体力城镇化国家,其高科技出口的人均值在城镇化率达到85%—90%之后呈现了缓慢的增长,可以看出其前期的智力投入起到了一些作用,但作用不甚明显,其增长速度远远低于智力城镇化国家。

从本国居民专利申请量分析(图18),日本、美国、韩国这些国家在城镇化率达到70%之后均经历了高速增长的阶段。这些国家中,日本在经历了迅速增长后,

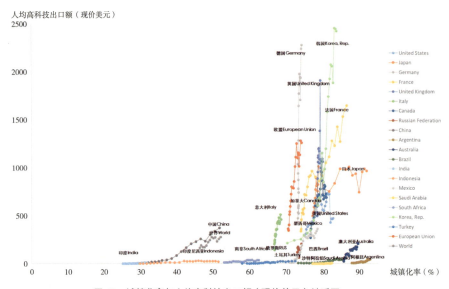

图 17　城镇化率与人均高科技出口额（现价美元）关系图

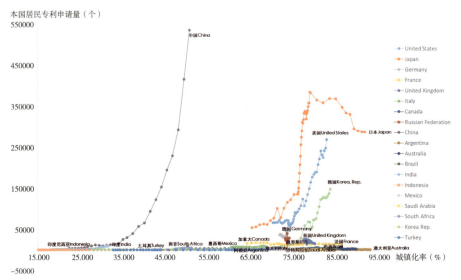

图 18　城镇化率与本国居民专利申请量关系图

呈现缓慢下滑的趋势，我们回看日本的智力投入部分可以发现，日本公共教育占GDP比例和公共教育占政府支出比例大约以城镇化率77%为拐点，大幅减少，这也间接导致了其本国居民专利申请量的减少，但由于之前的基础较好，因而本国居民专利申请量的减少相对于公共教育占GDP比例和公共教育占政府支出比例具有一定的滞后性。反观体力城镇化的国家，其本国居民专利申请量则一直处于一个低迷的水平。体力城镇化国家和智力城镇化国家本国居民专利申请量的分界点约在5000

个左右。中国由于智力投入的增加，也使得在城镇化率达到35%之后本国居民专利申请量呈现了快速增长的态势。

从外国居民专利申请量分析（图19），智力城镇化国家和体力城镇化国家的界限约在5000左右，值得注意的是，欧盟以65%的城镇化率为拐点，外国居民专利申请量急剧下降，与此同时，美国的外国居民专利申请量则急剧上升。在本国居民专利申请量上，中国第一、日本第二、美国和韩国次之，但是在外国居民专利申请量上由多到少则是美国、中国、日本、韩国。以美国为例，其本国居民和外国居民的专利申请数量非常高，充分表明美国具有非常强的创新环境，能够吸引国内外人才进行技术革新和创业。2013年，世界知识产权组织发布的年度报告表明，中国已取代美国成为世界最大专利申请国，占了全球总申请量的1/4。但是外国居民专利申请量低于本国居民专利申请量，则值得中国反思目前创新环境对国内外人才的汇聚能力。

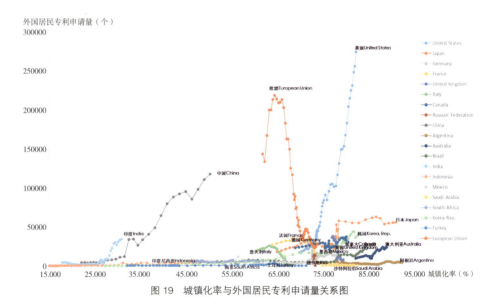

图19　城镇化率与外国居民专利申请量关系图

从科研期刊文章数量分析（图20），智力城镇化国家与体力城镇化国家的划分界限约在4000篇左右。科研期刊文章，是学术思想传播和产生专利的基石，从研究方面反映了城镇化发展的智慧度。需要指出的是，中国和印度由于人口基数较大，因而其总量超过了部分智力城镇化国家，但中国的期刊文章增长速度也较快，其走向智力城镇化道路的趋势较好。

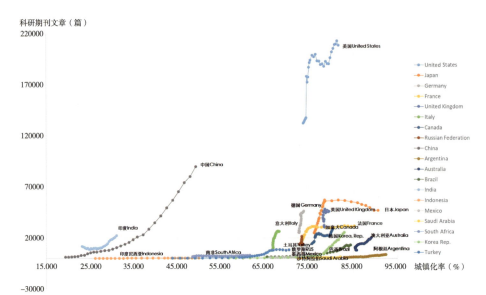

图20　城镇化率与科研期刊文章发展数量关系图

小结

  研究从世界城镇化发展规律出发，根据 2012 年城镇化率超过 50% 国家在经济方面的不同表现，提出了"Lay"道路与"Stand"道路，并在产业、创新力方面对两条道路的差异进行了进一步的分析，提出了智力城镇化与体力城镇化的概念。为进一步分析两条道路的差异，本章以 G20 国家为例，论述了他们分别在智力主体、智力投入和智力产出方面的差异。对智力城镇化与体力城镇化的概念和显性特征的比较可知，智力城镇化道路国家表现出"三高"社会发展表征：经济发达及产业附加值高（经济水平高）、城镇人的智力水平高（人文素质高）、知识创造转化能力高（科技创新能高、高科技企业发展）。智力城镇化道路代表了城镇化率 50% 后世界城镇化道路的一种智力水平高，科学技术发达，可持续健康发展、高品质的城镇化道路。

  研究认为，体力城镇化或智力城镇化道路不是从城镇化一开始就决定的，是在城镇化进程中各种经济、社会、文化和制度要素等积累到一定程度的产物，在进入稳定城镇化阶段（一般是城镇化率 70% 之后）后集中体现出"智力创新"强的特征。是否走上了智力城镇化道路，要城镇化率到达稳定阶段，城镇化道路基本完成并定型后才能做判断。比如印度、中国还未到达稳定城镇化阶段，所以不能现在就判定其走向的是智力城镇化或者体力城镇化道路。

第四章

智力城镇化道路的影响要素与发展基础

4.1 智力城镇化道路的影响要素

4.1.1 影响城镇化的主要因素

周一星等（1997）[51]认为，一个国家的城镇化发展受多种因素影响，但其中经济发展对城镇化的影响最为密切。王小鲁和霞小林（2000）[52]认为，影响城镇化的因素包括劳动力流动因素、企业选址因素和资源约束因素。高强（2001）[53]对农村城镇化制约因素进行探讨，提出影响农村城镇化的因素主要是农业生产水平、经济增长、产业发展与布局、城镇建设、收入差别与体制障碍、配套政策。孙涛（2002）[54]提出影响我国农村城镇化的因素包括内部因素和外部因素，内部因素为宏观经济发展、区域商品发展、农业现代化、产业崛起、乡镇企业发展、城市功能扩散，外部因素为政府政策、制度。胡际权（2005）[55]研究认为，影响我国新型城镇化发展的主要因素包括区域优势、配套政策、农民素质、乡镇企业布局、城镇质量和资金。章辉等（2006）[56]将影响城镇化的因素概括为经济、自然环境、社会和科学技术四个方面。吴江和申丽娟（2012）[57]通过对重庆新型城镇化道路的实证分析，提出经济、产业、人口转移、科技创新、基础设施和制度环境等是影响城镇化道路的主要因素。因为城镇化是一个系统的过程，国内研究对城镇化影响要素的分类在不同研究目的下有很多阐述，但是并不够系统。诺克斯（美）提出城市地理学对城镇化进程的理论构建，对我们系统分析城镇化的影响因素具有重要意义（图21）。他研究认为经济、社会、技术、环境、人口、政治、文化和地方性及历史性**的偶然因素等**的变化过程，引起了城镇化在城市地理学方

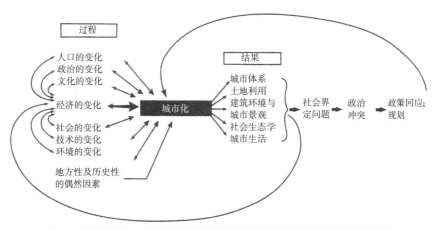

图21　城镇化作为一个进程的作用机制（城市地理学对城镇化研究的总体框架）
数据来源：（美）诺克斯. 城市化 [M]. 顾朝林，等译. 北京：科学出版社，2009.

面的变化，成为影响城镇化的主要因素。以诺克斯的思想总结整理城镇化的影响因素、次影响因素（表9），可以进一步明确影响城镇化的要素非常复杂。国内学者对城镇化影响因素的研究偏爱经济的影响，关注人口质量提升对城镇化影响的论述不多。

以诺克斯（美）的思想总结整理城镇化的影响因素　　　表9

城镇化主要影响因素	次级影响因素名称
经济	经济发展水平、农业生产水平、经济增长水平、产业发展与布局
社会（含人口）	收入差别与体制障碍、社会关系
人口	劳动力情况、人口素质
环境	资源约束因素
技术	技术力量
政治	户籍制度、配套政策、政策制度
文化	传统文化
地方性及历史性的偶然因素	地理区位、城镇建设、城镇质量和资金

数据来源：作者自绘

4.1.2　影响智力城镇化道路的主要因素

（1）智力城镇化道路"三高"表征的相互关系

马克思主义认为"在生产力中占据重要作用的劳动者，在生产力诸要素发展中起着主导和决定的作用"，基于生产力要素与生产关系的关系，可归纳智力城镇化道路的"三高"的本质表征之间的关系（图22）。

首先，城镇人的智力水平、知识创造转换能力、经济与产业附加值水平直接决定智力城镇化的水平，同时智力城镇化水平提升和降低所产生的社会环境等系统变化，反作用于上述三高表征。

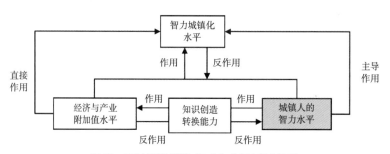

图22　智力城镇化道路"三高"表征之间的关系
图片来源：作者自绘

其次，城镇人的智力水平，通过知识创造转换能力，可直接作用于经济与产业附加值水平；而经济与产业附加值水平可以反作用于其他两者水平。

第三，城镇人的智力水平对智力城镇化水平的发展起着主导作用，经济与产业附加值水平则起着直接作用。城镇人的智力水平是知识创造转换能力和经济与产业附加值水平的基础，直接作用于后面两者的发展水平，构成智力城镇化水平发展最主要的影响因素。

（2）表征导向下主要影响因素选择

智力城镇化道路国家主要表现为"三高"表征，也是品质城镇化所追求较为理想的发展目标。本研究基于环境影响 E-R-P 模型，构建"表征—影响—响应"模型，并结合影响城镇化的要素，提取影响智力城镇化道路的相关因素（表10）。

目标导向下的智力城镇化道路的影响要素分析表　　表10

"三高"的表征	分项影响指标	影响领域	响应指标（部分示例）
城镇人的智力水平高	民众受教育水平	教育	各等级教育入学率、劳动力人口教育结构……
经济发达及产业附加值高	经济发展水平	经济	人均GDP、人均GNP……
	附加值水平	经济	单个资本产值（产值/美元）、高科技出口额……
	产业结构水平	经济	三产结构、主导产业类型、第三产业……
知识创造转化能力高	知识创新水平	科技	科研机构数量、专利数量（有效应用）、人均科研论文数量……
	高科技企业的发展水平	科技	科研机构数量、高科技企业数量……

数据来源：作者自制

首先，城镇人的智力水平高，可通过民众受教育水平体现。隐含的逻辑为受教育水平越高，智力创造能力越高。至于智力创造是否显现，则会受其他因素的制约。智力水平高表征主要受教育要素影响。

其次，经济发达及产业附加值高，可通过经济发展水平和产业结构水平来衡量。经济发展水平越高，人均GDP和人均GNP越高，单位资本的产值也越高，基础是劳动生产力的提高。同时，根据城镇化与经济发展的阶段理论，经济越发达，越容易形成产业附加值较高的第三产业。这一表征主要受经济领域要素影响。

第三，知识创造转化能力，是智力创造能否实现价值的关键环节，可以通过知识创新水平和高科技企业的发展水平来体现。这里知识创新是知识转化的基础，高科技企业的发展是知识创造能力实现的直接体现。这一特征主要受科技领域要素影响。

本节分析的"智力城镇化"道路影响因素，是基于智力城镇化社会"三高"表征导向下，所归纳的主要影响领域和指标，主要分布在三大领域：教育、经济和科技领域。研究者可根据研究目标、数据可获取性、可量化等要求，从响应指标库中选取合适的指标进行研究。

4.2 智力城镇化道路的发展基础

世界城镇化进程显示，走向智力城镇化道路需要一定的发展基础，不是一蹴而就的。本节根据智力城镇化的发展特点，结合主要智力城镇化道路国家的发展过程，归纳智力城镇化道路的发展基础主要包括：人的自由流动、社会思潮的涌现（牵引）、稳定的政治环境和经济腾飞以及智力创新的保障（图23）。

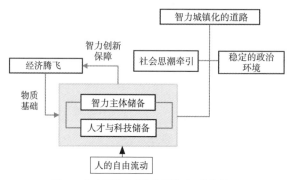

图23 智力城镇化道路发展基础思维架构图

（1）**人的自由流动**。如果作为城镇的主体，人不能实现城乡、城镇之间的自由流动，将影响人口进一步向城镇集聚，制约城镇化的发展。

（2）**社会思潮牵引**。一个理性法制的社会，一个理想的社会，需要时代大思想家的指引，朝着城镇主导的方向而走，促进城镇化内部人群的融合。

（3）**经济腾飞支撑**。智力城镇化的形成往往与经济腾飞紧密相关，因为它需要雄厚的经济基础为支撑，才能进行智力主体的贮备，科技能力的储备和提升。

（4）**政治环境稳定**。没有稳定的政治环境，发展成果容易受到破坏甚至完全摧毁，智力要素不断的重建和倒退，会制约城镇化的发展水平。

（5）**智力创新保障**。理性的制度保障为城镇化道路的发展提供稳定长久的保障机制，促进智力主体发挥出智力创造的社会价值。

4.2.1 人的自由流动

人是城镇化的主体,如果没有人口大量进入城镇,城镇化的进程就无法推进。不管是走向何种城镇化道路,其发展的基础条件之一是要实现人的自由流动,尤其是城乡之间、城镇之间的流动。人的自由流动可以带来新的思想、文化与知识的交融,打破社会的某些隔离,促进社会创新进步。

实现人自由流动的第一步,是享有独立的人权,不同于奴隶社会和封建社会的人权被奴隶主和封建主所掌握,现代人可以自由实现人的去向。对城镇化来说,这是至关重要的。因为只有这样,大量的农村劳动力才能自由地流入城市,从而形成城镇对农村劳动力和人口的无障碍引力。如果说农村的劳动力被固定在土地上,劳动力的自由流动就无从谈起;而劳动力不能自由流动,城镇化进程就会受阻,甚至根本就不会有城镇化发生。其中,最大工资收益是农村劳动力流向城市的基本动力,并不是唯一动力,并且每个具体的个人也不一样(高佩义,2004)[13]。

智力城镇化国家代表英国的"圈地运动",就是城镇化发展"人自由流动"的积累阶段。18世纪初期至19世纪中期,英国资产阶级取得决定性胜利之后,城市工业进一步发展,城市人口急剧增加。资产阶级则大力鼓励圈地,政府通过议会立法使圈地合法化。随着1701年条播机的发明,开始了农业生产技术的革命。18和19世纪,英国议会通过4763件有关圈地的法案,共批准圈占269万公顷共耕地和公有地。大部分破产农民流入城市,成为雇佣工人和产业后备军,为产业革命提供了廉价劳动力。农村阶级结构已由大地主、资本主义农场主和农业工人组成(陈兴锐,2006)[58]。美国在城镇化发展初期,是一个移民国家,其工业化和城镇化的推进多得利于国家间大量流动的国际移民。美国是地多人少的国家,城镇化面临劳动力不足问题,国际移民的流动解决了此问题。1851—1860年从欧洲到美国的移民为248.8万,1881—1890年增长到473.7万,1901—1910年更高达821.3万。在这些国际移民中,工人占近50%,专业技术人员占近25%,来自英、德、法国的移民带来了先进的冶铁、纺织、炼油和其他工业部门的知识和技术,对正处于关键时期的美国工业化发挥了重要的作用。其中,外来人口中从事农业的只占16%左右,绝大部分转移到了城镇(高强,2002)[59]。

4.2.2 社会思潮牵引

社会思潮是促进社会变革的思想先导。古往今来的一切社会变革,首先都是由最初处于隐性、潜伏、非主流的社会思潮演变而来的社会舆论引发的。以英、德、意、法等为主的智力城镇化国家代为例，他们进入城镇化快速发展阶段前总有先进的社会思潮做牵引（表11）。如果没有西欧中世纪晚期文艺复兴和新教运动中对"人性"的解放以及推动自然科学的觉醒，就没有近代意大利、英国、法国和德国近代资产阶级的兴起，甚至可能不会产生工业革命，不会推动自然科学研究的快速进步和城镇化的快速发展。任何一种科学理论的形成及其发展，都是在实践基础上吸收先进思潮、批判落后思潮实现的。只有在先进社会思潮的影响下，城镇化发展才具有方向性，才能更激发人性的潜力，创造更多的社会价值，促进城镇化内部人群的融合。

典型智力城镇化国家近代历史中有影响力的著名思想家（哲学家、思想家或教育家）表11

姓名	国家	时间（年）	主要思想
培根	英国	1610—1710	提出唯物主义经验论的基本原则，认为感觉是认识的开端，它是完全可靠的，是一切知识的泉源
约翰·洛克	英国	1632—1704	《政府论》《人类理解论》《教育漫话》，反对天赋人权的"白板说"，重视教育在人的个性形成中的作用
德尼·狄德罗	法国	1713—1784	法国启蒙思想家、唯物主义哲学家。认识论方面，狄德罗强调感觉论，认为出现在理智之中的，必然首先源于感性知觉，他从认识的起源上反驳先验论以及纯属思辨性质的形而上学。主张感性与理性两条轨道相辅相成，共同推进人类认识
卢梭	法国	1712—1778	是浪漫主义运动之父，是从人的情感来推断人类范围以外事实这种思想体系的缔造者，是与传统君主专制相对的伪民主独裁政治哲学的始创者。卢梭提出教育应培养能够保持人的本性的"自然人"，换句话说，即"自由的""自食其力"的"对任何职业都有所准备的人"
伊曼努尔·康德	德国	1724—1804	认为将经验转化为知识的理性（即"范畴"）是人与生俱来的，没有先天的范畴我们就无法理解世界。他的这个理论结合了英国经验主义与欧陆的理性主义，对德国唯心主义与浪漫主义影响深远
卡尔·马克思	德国 法国	1918—1983	将实践概念引入哲学，使哲学同现代无产阶级（工人阶级）的解放联系起来，将这个哲学彻底运用于社会历史领域导致了唯物史观的产生。马克思分析和研究了资本主义社会的经济基础从而发现了剩余价值
约翰·弗里德里希·赫尔巴特	德国	1776—1841	第一个明确提出要以理论学、心理学作为教育理论体系基础的教育家。科学教育学的奠基人
约翰·海思利希·裴斯泰洛齐	瑞士	1746—1827	从改良主义和民主主义的社会政治观点出发，裴斯泰洛齐对教育在社会发展和社会生活中的作用做了过高的估计。提出和谐教育的思想
杜威	美国	1859—1952	形成了美国继实用主义之后而起的实验主义（Experimentalism）哲学体系，也间接影响到新教育——所谓进步主义教育——实施与理论

注：根据《西方哲学史》（罗素著，张作成编译）和《世界教育史》（陈锋主编）相关论述整理

弗兰西斯·培根（1561—1626年）提出的经验论为人们的认识和科学发展提供了新的世界观和方法，是近代社会思潮变化根源[①]。18世纪法国有唯物主义和启蒙运动紧密相连的两股思潮，法国启蒙运动是从反封建、反天主教神学、提倡民主和科学的角度，启发人们头脑的思想文化革命运动。以孟德斯鸠、卢梭、孔狄亚等哲学家和社会思想家为主体的启蒙运动（18世纪法国唯物主义哲学）思想的先进性，促使1789年的法国资产阶级大革命爆发，并产生了欧洲最为先进的资本主义制度和科学发展的具体体制，为城镇化的发展扫清了思想障碍。18世纪末德国古典哲学产生，出现了辩证法的思想，它是对朴素辩证法的复归，但却具有更高级的形式，由此，人们的思维方法开始摒弃形而上学。康德（1724—1804年）哲学提出了一整套关于哲学的性质、方法、对象、功能的新见解，这些见解极大地影响了以后西方哲学的发展，促进社会发展和科学进步。虽然美国没有产生著名的思想家，但是其移民秉承欧洲大陆的社会思潮，并具有特有的"冒险、开创、讲求实效"的社会文化传统，推进了社会的进步。在这种社会思潮影响下，美国一方面实现了数量众多的外来移民的"美国化"，在精神层面把他们改造成了"美国人"；另一方面也培养了全体国民的"美国精神"，在社会发展和城镇化的过程中达到了对身份的认同。

4.2.3 经济腾飞支撑

只有具有强有力的经济支撑，才能形成优越的环境、较优越的科研条件，才能有高素质的人群产生，并更有利于施展人的才华。分析英国、德国、法国、美国、日本的教育与科技中心变迁史，发现两者往往与强大的经济实力相伴而生、相互促进（黄新亮，2006）[60]。智力城镇化国家的城镇化发展前中期都经历过经济腾飞的发展历史，为走上智力创造的道路奠定了坚实的基础。

根据经济长波理论，英国工业革命后，历史上有四次经济长波（表12），每个长波期间出现了相应的经济中心国（蔡来兴，1995）[61]。第一次始末年限分别为1782年和1845年，其中1825年为高位转折点，英国是这次长波的中心。这一时间段因为其他国家还未开始产业革命，所以未能参与长波运动。第二次经济长波从1845年到1892年，经济中心依然是英国，但是法国、德国和美国经济由于产业革命的推进，已经跃居次世界经济中心国。第三次经济长波中世界经济中心主要是美国，在1914年之前德国经济发展非常快，也是另一个世界经济中心，英国、德国居于次世界经济中心国。第四次经济长波中世界经济中心已经转变为美国和日本，而英国、

[①] 马克思在《神圣家族》中评价弗兰西斯·培根为"英国唯物主义和整个现代实验科学的真正始祖"。

世界四次经济长波年限及中心国整理表　　　表 12

	第一次	第二次	第三次 第一阶段	第三次 第二阶段	第四次 第一阶段	第四次 第二阶段
始末年限	1782—1845年	1845—1892年	1892—1929年	1929—1948年	1948—1973年	1973年后
世界经济中心国	英国	英国	美国， 1914年前德国	美国	美国、日本	美国、日本
次世界经济中心国	—	法国、德国、美国	英国、德国	英国、德国	英国、德国	英国、德国

资料来源：根据蔡来兴《国家经济中心城市的崛起》（上海人民出版社，1995）相关资料绘制

德国依然保持着非常高的经济实力，占据次世界经济中心国的地位。其中，英国从产业革命后，从1782年成为世界经济中心国，美国于1894年工业产值超过英国，跃居头号经济强国，德国也于1900年跃为世界第二经济强国。但1914年德国因其发动了第一次世界大战且失败而退出长波中心（徐文，2004）[62]。

4.2.4　政治环境稳定

城镇化要完成起步、快速发展和成熟阶段，需要花费至少数十年的时间，需要稳定统一的政治环境给予保证。政治环境稳定，是城镇化顺利推进和智力城镇化道路发展的重要基础。

前述分析指出，完成城镇化率的发展阶段30%—70%，英国经过66年，德国经过85年，法国经过102年，美国经过69年，最快的韩国和日本也用了约25年（图24）。尤其是当城镇化率超过50%之后，更加需要长期稳定的发展。在欧洲，英国1688年通过资产阶级革命建立了君主立宪制国家，法国1789年大革命建立了资本主义国家，德国1871年完成了国家统一（徐旭华，2012）[63]，此后数百年的政治环境稳定，在经济、教育、哲学、科技等方面的长足发展，推动了社会生产力提升，对推进城镇化进程产生积极作用，为智力城镇化的发展奠定了良好的发展机遇。在北美洲，美国1775—1783年的独立战争摆脱了殖民统治，建立起了独立的国家，1861—1865年的南北战争完成了统一的民族融合，国家统一下的稳定，奠定了大国强盛的基础。华盛顿等人创建的政治体制具有相当的科学性，适合美国的国情（黄新亮，2006）[60]。日本虽然在1940年城镇化率就已经达到30%，在"二战"前城镇化率已经达到50%，但是由于"二战"让城镇化进程倒退了，直到"二战"结束恢复政治稳定后才保证了城镇化的稳步发展。

"二战"之后，苏联经济、科技和教育高速发展，但是1989年的国家体制巨

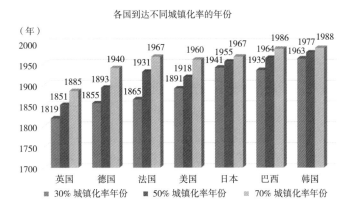

图 24 代表国家城镇化率进程时间统计图
方法：根据可以获取的数据进行线性分析后，插值获取相应的值。
数据来源：1950 年数据来自于世界银行数据库，1950 年以前数据主要来自于"The Making of Urban Europe, 1000—1994"（PadHohenberg, LynnLees, 1995）城镇化率（%）以及各国统计网站

变导致国家分裂，长期遭受世界经济环境的制裁，阻碍了俄罗斯走上智力城镇化国家道路，是国家政治环境不稳定影响智力城镇化进程的典型代表。此外，巨变后的东欧国家长期发展动力欠佳，而希腊、埃及等动荡的国内环境，不能给城镇化发展提供一个长期可持续的基础保障。

4.2.5 智力创新保障

城镇中有了智力创造的主体、思想目标引导、物质基础和稳定环境后，要走上智力城镇化道路，还需要形成智力创新保障机制，有效保障人才引进及上升通道，激发人的智力创造和保障科研创新及其转化。智力创新保障机制是逐步建设的过程，可随着城镇化水平的不断推进而不断完善。智力创新保障机制中，科研创新机制保障和知识产权保障非常重要。

美国是一个非常重视吸引国际人才的国家。自建国以来就特别注意吸收技术工人和专家移民美国,广泛吸引移民的科技力量,造成欧洲科学家和技术人才流向美国。以在自然科学数学、物理、化学、天文、生物、地理六大基础学科领域美国的重大发明、发现和创造者为例，1776—1960 年间共 600 人，其中近 100 人是移居美国的外来移民。塞缪尔·斯莱特是英国移民，迈克尔·巴宾是塞尔维亚移民，约翰·埃里克逊是瑞典移民，查理斯·斯坦麦茨是德国移民，亚历山大·贝尔是苏格兰移民，亨利·福特的母亲是荷兰移民、父亲是爱尔兰移民，对飞机制造业作出卓越贡献的冯如则是中国移民。上述这些科学家、发明家到美国之后，做出了不可磨灭的业绩，为美国的科技发展作出重大的贡献。关于各国移民对美国科技发展所起的作用，马来西亚

学者黄枝连颇有见地地评论说:"南北战争之后,北方资产阶级在美国范围内的胜利和'美国体系'的日趋稳固,使美国人可以放心地、更自由地引进外资、外来移民及外国技术;而这样的引进,倒过来,对于美国的自力更生的、欣欣向荣的国民经济,也起着更大的稳固、促进、提高的作用。"(黄枝连,1990)[64] 到17世纪上半叶,资本主义专利制度在英国建立起来,促进科学的发展。1624年,英国颁布了现代专利法的始祖——垄断法,规定如下:专利权授予最初的发明人,专利权人在国内有制造和使用该项发明的权利,专利不能违反法律,损害国家利益,专利的有效期为14年等。专利法管理和推广了技术发明成果,促进科技的进步和社会的发展。林肯说:"专利制度是在天才之火上加利益之油。"专利制度的产生,有效保障了工业革命过程中发明与创造者的技术成果和转化利益。由此,英国祭起科学的大旗,成为世界首屈一指的科学强国(黄立勋,2003)[65]。

小结

  智力城镇化的"三高"社会表征,也是还未进入智力城镇化国家追求的品质城镇化发展的目标。影响城镇化的要素是复杂的、系统的,本研究采用"表征—影响—响应"模型来收敛和选择影响智力城镇化道路的因素。从智力城镇化道路"三高"表征出发,找出"城镇化城镇人的智力水平高(人文素质高)、经济发达及产业附加值高(第三产业发展)、知识创造转化能力高(科技创新能高、高科技企业发展)"分别对应的影响领域要素和响应指标。本书提出,影响走向智力城镇化道路的因素是综合性的,主要分布在教育、经济、科技三大领域。

  本书提出要走向智力城镇化道路,需要人的自由流动、社会思潮的牵引、经济腾飞支撑、政治环境稳定、智力创新保障等五大发展基础作为支撑,并结合了智力城镇化国家发展的案例进行阐述。人的自由流动,为其提供了高质量的劳动力要素;社会思潮的牵引,为其提供了发展方向;经济腾飞支撑,为其提供了经济积累;政治环境稳定,为其保证了长期的稳定发展环境;智力创新保障,则为其激发生产者的智力和科技创造提供必要的保障机制。

第五章 教育发展是走向智力城镇化道路的关键动力

5.1 历史视角揭示教育与城镇化发展联系紧密

5.1.1 世界教育思想扩散地演变进程

孙喜亭（1993）[66]曾经对教育史的分段标准进行了归纳并指出：关于教育的历史分期有几种不同的理论观点。①根据生产关系所确定的不同的社会经济制度和社会政治制度，将教育分为原始社会的教育、奴隶社会的教育、封建社会的教育、资本主义社会的教育、社会主义社会的教育。这种划分是教育史和教育学界传统的历史分期。②以生产力为根据和标志的教育发展的历史分期，可以把教育划分为古代教育和现代教育。古代教育包括原始社会的教育和古代阶级社会的教育。现代教育包括资本主义教育和社会主义教育。古代教育又可分为古代劳动者的教育和古代学校教育。③以教育本身在历史进程中所显示出来的不同特征为标志的教育发展的历史分期，将教育发展的历史阶段分为：原始状态的教育、古代学校教育、近代教育和现代教育几个基本阶段。

滕大春、李穆文等将外国教育史划分为古代教育、中古教育、近代教育和现代教育；袁桂林将外国教育历史划分为四个阶段，划分标准从教育的起源至4世纪的教育、4世纪至17世纪中叶的教育、17世纪中叶至19世纪末的教育、20世纪以后的教育（与世界史划分略不同）。实际上，外国教育应在各历史时代之间架起桥梁，使它们构成有机的整体，很难截然划分阶段（滕大春，1998）[67]。本章按照主导教育思想影响的扩散变化的特点，对世界教育发展大事典[68]进行事件梳理（表13），发现与滕大春、李穆文对外国教育史的划分方法非常契合。

（1）古代教育：东西方多元教育思想独立发展的轴心国时期（轴心国，世界多元扩散时期）

古代教育时期，主要是指从教育起源到4世纪的教育，包括原始社会、奴隶社会时期。教育从人类社会存在就一直存在，原始社会主要是通过在共同劳动和生存实战中得到教育学习。奴隶社会时期，系统的教育才开始发展。与世界人类文明发展一致，系统教育首先在古代埃及、印度、亚述和巴比伦、希腊、中国等地独立发育不同体系的教育思想。埃及约在公元前2500年的古王国时代，已有宫廷学校之类，两河流域的亚述、巴比伦的学校可能出现在相同时期或更早。希腊雅典产生学校是迟于此的，直到公元前5世纪以后才发达起来。"波希战争带来了雅典教育的繁荣"，已成公认的事实。另外，希伯来和印度也都是古代教育大国，其制度、课程、教学之完备似不亚于希腊和罗马（滕大春，1998）[67]。根据雅斯贝尔斯（Jaspers, K., 1991）[69]的研究，在公元公元前8世纪到公元前2世纪这段时间里，人类文明经历了从质朴宁静的神话时代的远古文明进入人性的、伦理的、理性的"轴心时代"。在中国生活着孔子和老子；印度产生了《奥义书》和佛陀；伊朗的左罗阿斯托传授一种富有挑战性的善恶斗争的世界观；巴勒斯坦先知们纷纷出现，希腊则出现了荷马、哲学家巴门尼德、赫拉克利特、柏拉图、修昔底德和阿基米德。这些地域的教育思想，在相互一无所知的情况下，独立发展了起来（徐克谦，2000）[70]。后来，希腊文明通过古罗马帝国，传播到欧亚大陆及北非地区，教育思想影响的范围非常广泛。

（2）中古教育：东西方教育思想融会发展，教育中心逐渐西移

中古教育，主要是指 4 世纪到 17 世纪的时期，包括西方的中世纪（约公元 476 年—公元 1453 年，Middle Ages），以及文艺复兴和宗教改革时期（14—17 世纪）。基督教被罗马帝国定为国教后，禁制了古希腊学术，罗马帝国灭亡后，还是为西欧进入黑暗时代埋下了种子。中世纪文化教育主要是由教会主持或开办的学校进行，以宣传圣经和履行宗教职责为主要教学任务；对贵族而言，主要是在生活和社交活动中进行骑士教育。中古教育时期，是世界教育史上承前启后、不可忽略的重要时期，是东西方多元教育文化不断发展的时期，世界教育发展的重心不断往西欧发展的时期。东罗马帝国（拜占庭帝国）仍保留和发扬了希腊文化及教育思想。拜占庭的文化教育对东、西欧和阿拉伯文化教育的发展都产生过一定影响。而在中亚，阿拉伯文化及教育融合了东西方文化，在中世纪欧洲文化史上居于承前启后的重要位置，推动了东西方教育思想的交流。在中古教育后期，人文主义思想教育思潮兴起。这种思想主要来源于古希腊的身心和谐发展观。此时文艺复兴的主要阵地意大利和德国教育繁荣，对欧洲教育发展产生重要的影响。在教育理念和课程内容等许多方面，中世纪大学继承了古代东西方，特别是古代希腊、罗马以及阿拉伯世界的教育遗产，构成了世界近现代大学和高等教育机构的基本原型（黄福涛，2003）[71]。

（3）近代教育：以西欧为主的资本主义教育思想大发展时期

近代教育时期，主要是指 17 世纪中叶至 19 世纪末，是从英国建立君主立宪制资本主义国家开始，到世界近代史的开端。18 世纪 60 年代开始，英、法、德、美等资本主义国家相继进行了产业革命，大机器生产取代了手工工场的劳动，产业革命促进了教育的革新。工人阶级及一切劳动者的子女要求享受同等受教育的权利（黄福涛，2003）[71]，由学校培养劳动力取代了盛行于中世纪的艺徒训练（滕大春，1998）[67]。这一时期，法国、德国的现代教育发展卓有成效，普遍重视普及初等义务教育，逐步发展教师教育、职业技术教育和各层级教育，社会经济发展较快，教育思想和方式影响深远。在传播影响方面，这一阶段是欧洲主要资本主义国家教育思想引导世界教育发展的重要时期。经过 16 世纪的宗教改革，德国的教育发展非常

迅速。见到普鲁士以教育为复国之本，锐意发展国民教育，法国教育总长于1831年考察德国提出著名的顾兴报告，促进了教育的改革。1833年法国政府颁布新的教育法令，向普国仿效，法国很快建成了小学网络。顾兴报告由伦敦译为英文后，在美国的马萨诸塞、纽约和新泽西州议会广为流传，促成了20世纪30—40年代美国轰轰烈烈的公共教育运动，推进了美国的初等教育。约在同时，1810年，柏林大学建立，学术研究等成绩斐然，各国争相走德国学术教育的道路（滕大春，1998）[67]。19世纪后期，日本学习德国、法国和美国的教育思想，建立了自己较为完善的教育体系。

（4）现代教育：以西欧、苏联和美国教育思想为主扩散时期

现代教育，主要是指20世纪以后的教育，包括两次世界大战时期。20世纪初，英、法、德、美、日等资本主义国家已经发展到垄断阶段，各国都开始注重教育事业。一方面为经济发展培养人才；另一方面宣传狭隘的民族主义思想和侵略扩张逻辑，为发动对外战争做准备（袁桂林，1995）[72]。第二次世界大战结束后，各国陆续开始了重建，全世界按照西方的教育体系开始了教育的复苏与改革。这个时期，**教育理论异彩纷呈、理论成果逐渐科学化**，高等教育进入普及阶段，以西欧德国、英国、苏联和美国为代表的教育思想影响世界各国教育发展。英国和德国虽然受到战争的

世界教育阶段划整理表（以欧美发展的主要视角） 表13

教育史划分（滕大春）	时间（袁桂林）	教育特点	教育思想传播的国家或地区	教育目的
古代教育	教育起源至4世纪	轴心论，由于封闭独立发展	古代东方、希腊（斯巴达、雅典、希腊）、罗马、阿拉伯等	传承生活技艺、军事防御为主
中古教育（4世纪到17世纪中叶）	中世纪（公元476—1500年）	古希腊教育思想在西方被宗教发展所阻碍，阿拉伯文化大发展，对中西教育思想融合起承上启下作用	西欧、拜占庭、阿拉伯（亚历山大帝国）	维护神权
	文艺复兴与宗教改革时期	教育大发展时期，中世纪大学基本形成现在的高教基础	意大利、德国	解放"人"
近代教育	17世纪中叶至19世纪末	资本主义教育大发展时期；涌现出马克思和恩格斯的教育学说；普及了初等教育，加快了中等教育的发展	德国、法国、英国、美国、日本	推动国家发展的重要推力，富国，维护统治
现代教育	20世纪至今	高等教育普及阶段 共同认识到教育对国家发展的重要性	西欧和北美，苏联	战后恢复；实用主义教育与人文基础教育并行发展时期

根据以下参考文献整理：（苏联）麦丁斯基.世界教育史（增订本）[M].叶文雄，译.五十年代出版社，1949；滕大春.外国教育通史第一卷到第六卷[M].济南：山东教育出版社，1990—2005；袁桂林.外国教育史[M].长春：东北师范大学出版社，1995；李穆文.世界教育史[M].西安：西北大学出版社，2006.

重创，但是都意识到教育在社会经济发展中的重要意义，推行各自的教育改革，涌现出凯兴斯泰纳（Kerschensteiner）这样的教育家。20世纪初，他提倡德国公民教育、劳作学校、职业技术教育，继续影响着其他资本主义国家的教育发展。美国则出现了著名的实用主义哲学家、教育家杜维（John Dewey），影响了20世纪初日本、中国、土耳其、墨西哥和苏联等国。社会主义阵营的苏联也非常重视教育，其涌现出来克鲁普斯卡、马卡连柯、凯洛夫等著名教育家，影响了整个社会主义阵营的国家教育发展和改革。甚至20世纪60年代，美国曾经到苏联学习教育体系，以纠正美国教育界实用至上而不重视人文发展的教育体系缺陷。

5.1.2 世界城镇化空间扩展进程

本研究并不赞同高佩义（1991）[72]等专家对世界城镇化的研究应从产业革命后开始的观点。尽管对城镇化的记载是从1800年后开始的，但实际上，世界上有城镇的出现就拉开了世界城镇化的序幕，只是在产业革命开始后快速发展并被近代学者记录在案，而工业化大大加快了城镇化进程，其容易被感知和重视。本研究观点与欧洲城镇化研究专家简·德·伏里（Jan de Vries, 1984）[10]接近，认为城镇化自城镇出现就开始了。根据人口学专家的研究（盛郎，1986）[73]，在1800年时，城镇人口共有约2930万，城镇人口占总人口比重约3.1%，世界城镇化虽然处于初期缓慢发展阶段，但是城镇化已经进行了很长时间（表14）。

因此，本研究结合相关学者研究，根据扩散演变的空间特点，将世界城镇化的发展阶段划分为"城市起源到17世纪中叶：以世界城市文明发源地为城镇化核心扩散地时期""17世纪中叶到19世纪末：以西欧国家为城镇化核心扩散地时期""19世纪末到1950年：以北美洲为城镇化核心扩散地时期""1950年至今：以发展中国家为城镇化核心扩散地时期"。世界城镇化的主要阵地，总体上经历了以古代五大城市文明地为开端的城镇化起源，到产业革命后欧洲发端，逐步向欧洲其他国家、美洲、大洋洲扩展，进而全面推向亚洲和非洲的发展过程（邹德慈，王凯，等，2013）[74]。

（1）城市起源到17世纪中叶：以世界城市文明发源地为城镇化核心扩散地时期

在世界上发生了农业向农业食品生产转变的各地区，早期的城镇独立地发展起来。有五个地区存在最早期的城市化和城市文明的遗址（保罗·诺克斯，琳达·迈克卡西，著；顾朝林，汤培源，杨兴柱，等译，2011）[75]。这五个地方分别为美索不达米亚、埃及、印度河峡谷、中国北方以及中美洲。这五个地区，都留下了规则或不规则的城市遗址，反映了早期的城市聚落和城市化的萌芽。随着时间的流逝，由不同的世界帝国推进，以这五个地区为核心开始了连续若干代的城市化。这些主

世界城镇化进程数据表整理（1800—2012 年）　　　　　　　表 14

年份（年）	总人口（百万）	城镇人口（百万）	城镇人口占总人口比重	总人口年平均增长率（％）	城镇人口年平均增长率（％）
1800	952	29.3	3.1		
1850	1247	80.8	6.5	0.54	2.06
1900	1656	224.4	13.6	0.57	2.06
1920	1809	360	19.9	0.44	2.39
1940	2280	570	25	1.16	2.32
1950	2525.8	746.5	29.6	0.93	3.11
1960	3026	1019.5	33.7	1.79	2.99
1970	3691.2	1350.3	36.6	2.07	2.56
1980	4449	1749.5	39.3	1.75	2.71
1990	5320.8	2285	42.9	1.72	2.34
2000	6127.7	2856.1	46.6	1.31	2.27
2005	6514.1	3199	49.1	1.21	2.2
2010	6916.2	3571.3	51.6	1.18	2.05
2012	7080.1	3725.5	52.6	1.13	2.05

数据来源：1950 年以前数据根据四川人民出版社《世界各国人口手册》整理，1950 年以后数据根据联合国数据化提供的 urbanization 数据整理。1970 以后总人口年平均增长率（％）来自于 2014 年世界银行数据库

要的世界帝国包括埃及帝国、波斯帝国、罗马帝国、拜占庭帝国、阿拉伯帝国、奥斯曼土耳其帝国、莫卧儿帝国、印加帝国、玛雅朝，以及中国的汉朝、唐朝和元朝。这一阶段，希腊文明、阿拉伯文明、印度文明和中国文明在欧亚大陆上交互影响，促进了城镇的交替繁盛衰败。[①]

（2）17 世纪中叶到 19 世纪末：以西欧国家为城镇化核心扩散地时期

从 15 世纪地理大发现开始，预示了世界历史的全球性阶段的到来，在 15—17 世纪，欧洲人凭借他们在海外活动中的领导能力，上升到世界首位（斯塔夫里阿诺斯（美），2006）[76]。17 世纪中叶，英国君主制资本主义国家建立，拉开了近代史的序幕。到 19 世纪末，确定了整个欧洲在世界的霸权地位。在 19 世纪之前，荷兰为西欧城镇化水平最高的国家，英国、法国、德国分别在产业革命后，19 世纪城镇化发展很快，在 19 世纪末基本进入城镇化的成熟阶段。

城镇化在空间上，呈现出以英国为中心，逐步向周边国家扩散的特点。伦敦巴黎和柏林之间的"金三角"地区，包括了英格兰东南部的工业地区、法国东北部以

---

① 这段时间，中美洲城市文明由于历史记载的缺乏，记录很少，所以在城镇化研究史中经常忽略古代南美洲的城镇化发展。本研究因为数据缺乏，未对 1800 年之前的南美洲进行相关研究。

及德国的鲁尔地区，成为欧洲工业化和城镇化发展的核心。这些区域，紧邻原材料和能源地，建立了良好的交通设施，拥有大型的劳动力市场，因此工业化和城镇化发展最为迅速（邹德慈，王凯，等，2013）[74]。而在亚洲，除日本之外的地区，基本都处在封建社会或欧洲殖民地发展时期，北美洲、南美洲、大洋洲等地也因为处于殖民统治下，国家统一和产业革命发生晚于欧洲大陆，城镇化进程较为缓慢。

（3）19世纪末到1950年：以北美洲为城镇化核心扩散地时期

这轮城镇化从19世纪中后期开始，历时近一个世纪，在1950年前后，澳大利亚、美国、加拿大等国家进入城镇化发展的成熟阶段。这轮城镇化主要受殖民扩张、工业发展和技术扩散等因素的影响，北美洲和大洋洲为主要发生地，其中又以北美洲的美国最为典型。北美洲以其较为稳定的政治环境、科学技术的聚集、较为自由的民主氛围，吸引大量国际移民持续进入城镇，加上当地人口脱离两次世界大战的主战场，城镇人口自然增长正常，共同推进了城镇化的发展。虽然美国和加拿大几乎同步展开，但是美国因航运、气候和自然条件更好，人口聚集得更多，成为这段时期世界城镇化扩散的主要地区。仅从人口统计分析，1900年到1950年，世界城镇人口增加52210万人，仅美国在这段时间增加的城镇人口为7108.2万人，占世界城镇人口增加总量的13.6%。而此时西欧已经进入城镇化发展的稳定阶段，城镇化人口和区域增长相对于北美洲和大洋洲而言较为缓慢，但是从人口和经济方面看，占据了很大的比重。亚洲地区由于不稳定的政治环境和反复的战争，城镇化的发展速度比不上经济发达的北美洲。

（4）1950年至今：以发展中国家为城镇化核心扩散地时期

到1950年，北美洲的城镇化率为63.9%，大洋洲为62.38%，欧洲的北欧为69.7%，西欧为63.9%（南欧为46.2%，东欧为39.7%），北美洲、大洋洲和欧洲大部分地区基本完成了城镇化的进程。"二战"以后，继发达国家城市化以后，世界城市化的主流正在向发展中国家转移，特别是南美、亚洲、非洲的城市化进程尤为迅速。受"二战"后人口剧增、工业化等因素的影响，这轮城镇化首先主要发生在拉美、北非和南欧、东欧的部分国家；进入21世纪后，以亚洲和非洲的一些发展中国家为重点。这轮城镇化的发展呈现出两种比较典型的发展类型，分别以巴西、墨西哥和日本、韩国为其主要代表，两组国家都在20世纪末完成了城镇化进程。前一组国家城镇化发展快于工业化发展，陷入"中等收入陷阱"，导致了"过度城镇化"。后一组国家，则实现了工业化和城镇化相互协调与促进，实现了"同步城镇化"。这轮城镇化主要是以发展中国家为主体，包括墨西哥、巴西、中国和印度等。1950年至2010年，发达国家或地区城镇化人口仅增加5.13亿，发展中国家或地区

1950—2010 年世界城镇人口增加统计表（单位：千人）　　　表 15

地区	1950 年	2010 年	1950~2010 年增加量	增加人口比例
世界	746481	3571272	2824791	100.0%
发展中国家或地区	287635	2372342	2084707	73.8%
发达国家或地区	444209	956857	512649	18.1%
墨西哥、巴西、中国、印度	159901	1298665	1138764	40.3%
其中：墨西哥	12069	91745	79676	2.8%
其中：巴西	19517	164631	145114	5.1%
其中：中国	64180	669386	605206	21.4%
其中：印度	64134	372902	308768	10.9%

数据来源：2014 年联合国经济署数据库关于城镇化人口数据

城镇化人口增加 20.85 亿，约为前者的 4 倍。其中墨西哥、巴西、中国和印度的城镇化人口增加量就达到 11.39 亿，约占世界城镇化人口增加的 40.3%（表 15）。

5.1.3　小结

结合世界教育思想扩散地演变与城镇化空间扩展进程（表 16），得出以下特征：

（1）世界教育思想传播的地域途径与世界城镇化进程空间演化的过程高度一致。基本遵循从世界文明起源地开端的独立影响—东西融合—西欧—美洲—多元全面发展时期，是由点到面，由西到东到全球的整个地域扩散过程。

（2）主要国家或重点城镇繁盛和教育思想的繁盛基本上一致。在城镇起源的斯巴达、雅典、希腊、汉长安、印度，其不仅是当时非常有影响力的城镇，而且当时

世界教育思想扩散演变进程和世界城镇化进程比较表　　　表 16

教育史划分	时间	教育思想扩散的主要国家或地区	城镇化阶段划分下城镇化主要扩散地	时间
古代教育	教育起源到公元 4 世纪	古代东方、希腊（斯巴达、雅典、希腊）、罗马、阿拉伯等	第一阶段：以世界城市文明发源地为城镇化扩展阶段（两河流域、中国、印度和南美洲）	城市起源到 17 世纪中叶
中古教育（4 世纪到 17 世纪中叶）	公元 476—1500 年	西欧、拜占庭、阿拉伯（亚历山大帝国）		
	文艺复兴与宗教改革时期	意大利、德国		
近代教育	17 世纪中叶到 19 世纪末	德国、法国、英国、美国、日本	第二阶段：以西欧国家为城镇化核心扩展阶段	17 世纪中叶到 19 世纪末
现代教育	20 世纪至今	西欧和北美的发展，苏联教育发展很快	第三阶段：以北美洲为城镇化核心扩散阶段	19 世纪末到 1950 年
			第四阶段：以发展中国家为城镇化核心扩散时期	1950 年至今

数据来源：作者根据研究梳理自制

的教育相对发达和领先。同样的情况出现在中世纪的意大利和德国，17 世纪中叶至 19 世纪末的德国、法国、英国、美国、日本，以及 20 世纪的美国和苏联。

（3）从文艺复兴建立现代教育体系基本架构开始，只要成为过教育思想传播的国家，无一例外都进入了智力城镇化道路发展国家的范畴。

从某种程度上，可以推论教育的发展会推动城镇化的进程，城镇化的进程也会促进教育的发展，两者是互相促进的过程。因为，有城镇聚集产生的地方，教育随之快速发展。教育的发展，促进城市物质与精神生活水平的提升，不断吸引更多人口到城镇发展，这样促进了城镇的发展，也推动了城镇化的进程。所以，就不难理解，在目前世界上城镇化发展水平高，经济发展稳定增长（或城镇化与经济协调发展）的主要国家，如英国、德国、美国、日本，都曾强调过教育立国，以加强战略转移和技术，实现强国。综上所述，可以发现智力城镇化道路与教育发展情况息息相关。

5.2 教育发展可推动城镇化进程的表现

5.2.1 教育推动城镇化发展的理论基础——人力资本论

人力资本论的渊源可以追溯到著名的古典经济学家亚当·斯密和近代庸俗经济学家马歇尔等人，他们都认为，在各种资本投资中，对人本身的投资是最有价值的[77]。早在 18 世纪中叶，著名古典经济学家亚当·斯密就已认识到对教育或训练的支出可以被看作是一种投资。然而，亚当·斯密的这一思想一直未被传统经济学所重视，直到 20 世纪 60 年代早期，贝克尔和美国经济学家西奥多·舒尔茨、雅各布·明瑟对此予以足够重视和深入研究，提出了**人力资本论，属于研究经济增长理论的一种。**

20 世纪 50 年代，美国著名经济学家西奥多·舒尔茨从长期的农业经济问题的研究中发现，从 20 世纪初到 50 年代，促使美国农业生产的产量迅速增加和农业生产率提高的重要原因已不是土地、劳动力数量或资本存量的增加，而是人的知识和技能的提高。人的知识、技能、健康等人力资本的增加对经济增长的贡献远比物质资本、劳动力数量的增加更为重要。人力资本论揭示了经济发展中人的素质及其作用。舒尔茨认为，经济发展主要取决于人的质量，而不是自然资源的丰瘠或物质资本的多寡。战后日本、德国的经济之所以迅速恢复和发展，是因为日、德两国的物质资本虽受到极大破坏，却保留了大量文化教育水平和劳动力素质较高的人力资本。相反，发展中国家教育落后，识字率低，劳动力素质差，导致其经济停滞，难以起飞。他还根据统计资料估计，美国 1929—1959 年的余值增长率（国民收入增长率—国民资源增长率）中教育的收益可能占 3/10—1/2[78]。

西方经济学家的人力资本论，从分析经济增长的原因出发，指出了人力资本（即人们具有的知识、智力、经验、健康）的投入提升了人的素质，人素质的提高在推动国民经济增长中有重要作用。尤其说明了教育在国民经济增长过程中所起的重要作用。不少国家更加重视发展教育事业，增加对教育的投资，改善教育条件，提高教育质量，提高劳动者的受教育水平。人力资本论的核心思想指出经济的增长，关键在于提高人口质量，提高知识水平。教育投入是人力资本形成的最基本和最重要的途径。通过增加教育投入，可以提升人均受教育程度，提高劳动者的素质、劳动生产效率，从而使人力资本的存量不断增加。根据人力资本论可以发现，教育可以推动城镇经济。因为受教育的更高素质的人更适合城镇产业结构，经济收入也更高，更多高素质的人进入城镇工作，也就推动了城镇化进程。

5.2.2 教育为人类社会发展提供不同类型的人才

教育的目的在于育人，育人的基本目标是满足人类社会对当时社会发展阶段知识结构的需求，客观推动人类社会的发展。追溯到教育的起源，一类是以学习文字、书本知识为主的早期学校教育，一类是通过学徒制对劳动人民传授生产技能的教育。前者逐步发展成培养学术型人才的学术教育，后者是早期的培养技能型人才的职业教育（严雪怡，2003）[79]。前者研究发现人类发展客观规律，主要以思辨和基础科学研究为主；后者则主要以适应和应用社会发展的各项科学技术于社会生产实践，在教育早期更接近现在的职业教育。

很多研究者赞同进行将人才分类和教育分类可以相对应地分成四类，以满足社会发展对人才的需求（表17）。这四类为：学术型人才——学术教育（Academic Education）；工程型人才——工程教育（（Profesional Education）（专业教育））；技术型人才——技术教育（Technical Education）；技能型人才——职业教育（Vocational Education）（严雪怡，2003）[79]。不同类型人才由社会发展需求所决定，不同类型人才的知识水平能满足城镇化发展对人"质量"的需求，教育在培养人才方面发挥了积极的作用。现代教育为社会发展提供了不同类型的人才，满足了社会对人才发展的需求（表17）。

5.2.3 教育可促进城镇化发展的表现

一方面，通过增加教育投入，可以提升人均受教育程度，提高劳动者的素质、劳动生产效率，从而使人力资本的存量不断提升。另一方面，经济与产业的发展与变化，需要更多适合城镇产业结构、适合城镇生活的人群进入城镇工作（工业化时代），而

教育分类与人才类型关系表　　　　　　表 17

国际教育分级	分类与术语	世界银行教育统计划分	人才类型			
			技能型人才	技术型人才	工程型人才	学术型人才
0级	早期儿童教育					
1级	初等教育	初等教育				
2级	初级中等教育	中等教育				
3级	高级中等教育					
4级	中等后非高等教育					
5级	短线高等教育	高等教育				
6级	学士或等同水平					
7级	硕士或等同水平					
8级	博士或等同水平					

教育是提供适合城镇生活人的主要方法，间接推动了城镇化进程。教育的对象是"人"，对城镇化的直接作用是帮助提升城镇化中"人"的智力水平，以适应城镇化对人口质量的需求（图25）。教育作用于"人"推动城镇化进程，主要分为以下两方面。

（1）对从事农业的人口与农村出生的未成年人来说，通过大量的中高等教育、职业技能培训等，一方面可以提升农业生产率，释放更多的农业剩余劳动力，另一方面则可以获得去城镇从事非农业生产生活的技能。通过教育，农业人口和农村出生的未成年人一部分继续从事农业工作，但是具有更高的农业生产技能，提高农业劳动生产率，进一步解放农村劳动力；另一部分则直接进入城镇成为非农业人口，直接推动城镇化的进程。这是教育促进农村人进入城镇生活，直接提升城镇化水平。

（2）对本来从事非农业的人口与城镇出生的未成年人来讲，通过中高等教育、

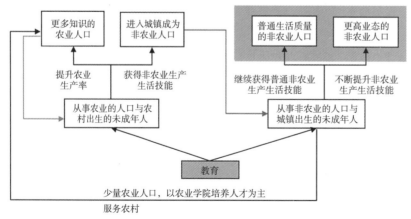

图 25　教育作用于"人"并推动城镇化进程的过程解析

职业技能培训等 [农业技术教育、职业技能教育、高等教育（技术教育、科研教育、职业培训等）]（蒋蔚，2013）[80]，从事非农业的人口与城镇出生的未成年人，一部分继续获得普通非农业生产生活技能，继续维持或微提升原来的城镇生活状态（普通的工薪阶层）；另一部分则不断提升城镇生产生活技能，在体制机制的支持下获得更高质量的城镇生活，所从事的业态附加值更高；而还有少部分人则通过农业技术教育或农业方面高等教育回到农村，服务于农村的生产生活，是城镇技术文明反哺农村技术文明的表现。这是教育促进城镇化质量水平进一步的提升。

5.3 教育发展促进走向智力城镇化道路的动力模型

5.3.1 教育促进智力城镇化道路发展的动力过程

我们根据"投入—产出"的原理，分析智力城镇化发展道路中主要的动力。研究认为，**智力投入是智力城镇化道路的主要动力，智力产出结果是智力城镇化的"三高"目标表征**。依据影响智力城镇化的教育、科技和经济三要素领域，研究认为智力投入主要是对人（劳动者）和劳动资料（科学技术）这两个主要生产力要素的投入，以提高劳动者的智力水平、科学技术创新水平，提高整个社会的劳动生产力和智力创造水平（图26）。

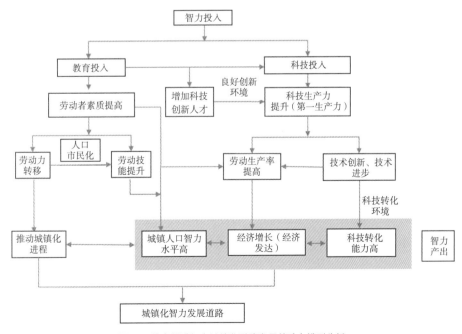

图26 教育促进智力城镇化道路发展的动力模型分析

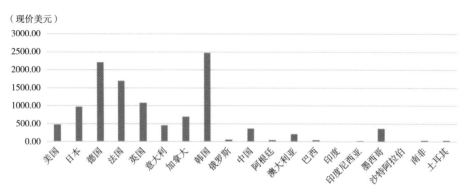

图 27　2012 年 G20 国家人均高科技出口额（无欧盟）
数据来源：2014 年世界银行数据库

从理论上来说，教育投入可以提升人口素质（智力水平），有利于城乡之间和城镇之间的劳动力转移；劳动技能的整体提升，不仅可以推动城镇化进程，也可以提升城镇人口的智力水平和促进经济增长[①]。教育的投入，不仅提高了劳动者素质，也增加了高素质的科技创新人才，如能有良好的创新环境，在科研投入支持下，社会科技生产力将会得到提升，社会劳动生产率随之提升，经济将增长。

科技投入下由人产生的科技进步、技术创新成果，在良好的科技成果转化环境下，可以形成大批高科企业，引领经济发展（图 27）。如德国 19 世纪末化学、物理的长足发展；美国 20 世纪 70—80 年的信息技术和计算机技术的研发，直接促进了微软、Internet、甲骨文、苹果等一大批高科企业的发展；日本 20 世纪 70—80 电子元件科技成果硕果累累，其数码产品一直占据世界主流位置。同时，城镇人口智力水平高、经济发达和知识转换能力高，又会促进城镇化进程的提升，加大对教育的促进和发展。

5.3.2　教育发展是促进最终走向智力城镇化的关键动力

只有教育投入产生高素质的人，没有科技的推动，很难将人力资本转化为社会价值（尤其是经济价值），所以科研投入也是智力城镇化道路的重要因素；但是没有高素质人才，尤其是科研创新人才，科技发展将非常缓慢，很难达到经济发达、科技创新能力强的城镇化社会。从"教育促进智力城镇化道路发展的动力过程"看，

---

① 依据美国经济学家舒尔茨的"人力资本论"，教育投入是人力资本形成的最基本和最重要的途径。通过增加教育投入，可以提升人均受教育程度，提高劳动者的素质、劳动生产效率，从而使人力资本的存量不断增加。另据经济学家罗默和卢卡斯在 20 世纪 80 年代提出的"新增长理论"，整体劳动力素质的提高可以提高劳动生产率；同时高科技人才的积累可以推动技术创新，带动技术进步。二者共同引起各部门产出及国内生产总值增加，进而促进经济增长。

增加教育投入会促进智力人群增长、经济增长和高科企业的发展，从而推动智力城镇化发展。同时，智力人群增长、经济增长和高科企业的发展又会对教育提出更高的要求，从而增加教育投入。科研的投入，只是对生产资料和生产对象进行加工，没有人来进行研发，就不会有科研的智力产出。所以虽然教育投入和科研投入均为走向智力城镇化道路的动力，但是本研究认为教育投入才是最终走向智力城镇化的关键动力，因为"人"才是发展的核心。

教育投入促进教育的发展，教育的发展促进国家走向智力城镇化道路，直接作用表现为培养了高素质的人，这些人能够适应不同城镇化发展阶段城镇的生产生活方式，并且更容易促进城镇创新性发展，同时教育培养过程中产生的科研及技术创新，部分可以直接创造就业和提升经济附加值。主要表现在：

1）增强现代农业的智力发展。提高农业生产率，减少农业对劳动力的需求，创造更多的剩余价值。

2）创造更多智力岗位和智力企业发展迅速。提升劳动者非农业生产技能，促进高科技企业的发展，促进劳动者从体力劳动为主的非农业产业部门流动到以脑力劳动为主的非农业产业部门。

3）智力水平高的人群遵守社会发展规则，民主程度较高，有利于社会理性发展。

小结

前一章已经论证过，教育、经济、科技是影响智力城镇化道路的三大领域要素。本章研究目的，是要论证教育发展与走向智力城镇化道路的关系。首先，从历史角度，世界教育中心转变和世界城镇化地域扩展高度一致，证明教育与城镇化的发展息息相关。第二，教育可推动城镇化进程的表现，首先是以人力资本论为基础推导的结论。人力资本首先推动了城镇经济，外延推动了城镇化。教育对城镇化过程最主要的作用是提供了城镇化进程中适应产业和社会结构的人才。第三，根据"投入—产出"的思路，从"智力投入—智力产出"构建了教育投入、科研投入双轮驱动推动智力城镇化道路的动力模型，但是由于没有人就没有创造的源头和目标，研究教育投入才是促进最终走向智力城镇化道路的关键动力。所以本书选择主要从教育发展角度分析智力城镇化道路的发展，实际上是从教育视角深入推进分析城镇化发展的模式。因为教育不仅为智力城镇化道路提供了高素质的人才，还促进了科技创新及孵化研究。

第六章

智力城镇化道路中教育助力发展类型

根据数据的可获得性和国家发展的稳定性，选择美国、日本、英国、德国、法国、巴西、墨西哥作为本章研究的主要国家案例，其中巴西和墨西哥为体力城镇化道路国家代表，其他5个国家为智力城镇化道路国家代表；代表教育发展水平的历史数据，主要是在校大学生、中学生和小学生人数，均来自于米切尔编《帕尔格雷夫世界历史统计》系列的欧洲卷、美洲卷、亚洲卷（经济科学出版社，2002年版本，第四版）。

6.1 历史视角分析两种城镇化道路中教育与城镇化的关系类型

6.1.1 历史视角分析教育发展水平与城镇化率的相关性

（1）智力城镇化国家

1）50%城镇化率前

对美国、日本、德国（联邦德国）和法国为主进行教育发展水平与城镇化率的相关性分析可知（表18），四国的在校大学生、中学生和小学生人数分别与城镇化率的相关性在50%城镇化率前都具有较高的相关性。其中，美国和日本是在校小学生人数与城镇化率的相关性最高，法国则是在校中学生人数与城镇化率的相关性最高。德国已有数据显示，在校大学生人数与城镇化率的相关性在城镇化率36.83–50.20%阶段高达0.951。

2）50%城镇化率到稳定城镇化阶段之前

50%城镇化率到稳定城镇化阶段，美国、日本、德国（联邦德国）和法国在校大学生、中学生和小学生人数分别与城镇化率都存在显著相关性，但是相关性系数相对前一个阶段有所变化（表19）。首先，在校小学生人数与城镇化率的相关性系数迅速降低，甚至日本和德国直接变成了负相关。其次，原来在校中、小学生人数与城镇化率的高相关性，变为在校中学生、大学生人数与城镇化率的高相关性。如

50%城镇化率前教育发展水平与城镇化率的相关性　　　　表18

国家	在校大学生人数 vs 城镇化率	在校小学生人数 vs 城镇化率	在校中学生人数 vs 城镇化率	城镇化阶段	年份（年）
美国	0.976	0.993	0.907	25.3%—50%	1871—1919
日本	0.767	0.911	0.858	18.09%—49.83%	1920—1953
德国（联邦德国）	0.951	缺	缺	36.83%—50.20%	1872—1895
法国	0.742	0.648	0.825	25.5%—50.24%	1851—1929

注：英国因在50%城镇化率之前的数据不完整，故未纳入本阶段分析。

50% 城镇化率到稳定城镇化阶段教育发展水平与城镇化率的相关性　　表 19

国家	在校大学生人数 vs 城镇化率	在校小学生人数 vs 城镇化率	在校中学生人数 vs 城镇化率	城镇化阶段	年份（年）
美国	0.965	0.665	0.82	50%—70%	1920—1960
日本	0.871	-0.73	0.851	52.97%—69.52%	1954—1967
德国（联邦德国）	0.866	-0.553	0.929	51.4%—65.01%	1896—1926
法国	0.962	0.589	0.991	50.72%—70.24%	1930—1968

法国在校中学生、大学生人数与城镇化率的相关性系数显著变高；德国在校中学生人数与城镇化率的相关性系数超过了在校大学生人数与城镇化率的相关性系数；美国在校大学生人数与城镇化率的相关性系数比其他两个的相关性系数高，达到 0.965。

3）进入稳定城镇化发展阶段后

进入稳定城镇化发展阶段后，对美国、日本、德国（联邦德国）、法国四国的数据进行对应的相关性分析发现（表 20），相对前面两个阶段的数据，相关性系数有以下变化特征。首先，在校小学生人数和城镇化率的直接不相关或者显著负相关；其次，在校中学生、大学生人数与城镇化率的相关性依然存在显著正相关性，但是相关性系数均有所降低。三个教育发展指标分别与城镇化率进行比较，美国在校大学生人数与城镇化率依然保持高度的正相关性，且继续拉大与在校中学生人数与城镇化率相关性系数之间的差距；德国在校中学生人数与城镇化率的相关性系数依然保持三个值中的最高；法国在校中学生人数、在校大学生人数与城镇化率依然保持较高的相关性，且系数依然接近。

其中较为特殊的是英国，其发展到城镇化稳定阶段后，三个代表教育水平的指标与城镇化率之间是显著负相关性。英国城镇化进程在稳定发展阶段是略有曲折发展变化的。

（2）体力城镇化国家

选择巴西和墨西哥作为体力城镇化道路国家代表，分析 1950 年之后教育发展水平与城镇化率之间的相关性（表 21），具体数据见表 21。研究发现，1950 年到 1993 年是巴西、墨西哥城镇化率的快速发展阶段，已有统计资料显示其年均增长 0.82 和 0.70 个百分点。巴西的城镇化率在 1950—1964 年以年均 1 个百分点的速度增长，1965—1993 年则以年均 0.73 个百分点的速度增长；墨西哥的城镇化率在 1950—1959 年以年均 0.81 个百分点的速度增长，1960—1993 年则以年均 0.64 个百分点的速度增长。整体来看两国在校大学生、中学生和小学生人数与城镇化率之间多存在显著的正相关性，

进入稳定城镇化发展阶段后教育发展水平与城镇化率的相关性　　　　　表 20

国家	在校大学生人数 vs 城镇化率	在校小学生人数 vs 城镇化率	在校中学生人数 vs 城镇化率	城镇化阶段	年份（年）
美国	0.939	—	0.537	70.38%—76.5%	1961—1993
日本	0.773	—	0.643	70.32%—77.75%	1967—1993
英国	-0.227	-0.524	-0.223	77.33%—78.23%	1904—1913
德国 （联邦德国）	0.727	-0.707	0.811	65.32%—73.38%	1927—1993
法国	0.893	-0.816	0.898	70.65%—74.57%	1969—1993

50% 城镇化率前后巴西和墨西哥教育发展水平与城镇化率的相关性　　　　　表 21

国家	在校大学生人数 vs 城镇化率	在校小学生人数 vs 城镇化率	在校中学生人数 vs 城镇化率	城镇化阶段	年份（年）
巴西	0.983	0.978	—	36.16%—50.06%	1950—1964
	0.954	0.995	0.989	51.04%—71.63%	1965—1993
	0.958	0.997	0.938	36.16%—71.63%	1950—1993
墨西哥	—	0.977	0.958	42.66%—49.94%	1950—1959
	0.952	0.964	0.972	50.75%—72.6%	1960—1993
	0.91	0.981	0.943	42.66%—72.6%	1950—1993

相关系数均在 0.90 以上。再从在 50% 城镇化率后分析，与几个智力城镇化道路代表国家所表现出来教育发展水平与城镇化率之间相关性系数显著降低不同，巴西和墨西哥的教育发展水平与城镇化率依然存在显著的高相关性，其中在校小学生人数与城镇化率的正相关性最高，其次是在校中学生人数，然后再是在校大学生人数。

（3）整体相关性特点

从已有数据可以发现智力城镇化国家在 50% 城镇化率前后，各等级教育水平与城镇化率之间的相关性有不同特点（表 22）。在 50% 城镇化率之前，智力城镇化进程越快，初等、中等、高等教育也发展越快，城镇化率与各层次教育水平指标之间有显著的正相关；进入城镇化率 50% 后到城镇化基本稳定发展阶段间，初等教育随城镇化率增加变缓慢，城镇化率与各层次教育水平指标之间相关性降低且存在负相关情况，而中高等教育则还保持着较高增长率。整体来看，初等、中等和高等教育水平与城镇化进程直接相关，越到稳定阶段初等教育水平的相关性系数下降最快，中高等教育与城镇化的相关性系数则维持在显著较高的水平。

而体力城镇化国家，无论是在 50% 城镇化率前后，初等、中等和高等教育水平的发展水平高度相关。其城镇化进程越快，初等、中等、高等教育也发展越快。

代表性国家教育发展水平与城镇化率的相关性统计总表　　　　表 22

国家	在校大学生人数 vs 城镇化率	在校小学生人数 vs 城镇化率	在校中学生人数 vs 城镇化率	城镇化阶段	年份（年）
美国	0.976	0.993	0.907	25.3%—50%	1871—1919
	0.965	0.665	0.82	50%—70%	1920—1960
	0.939	—	0.537	70.38%—76.5%	1961—1993
日本	0.767	0.911	0.858	18.09%—49.83%	1920—1953
	0.871	-0.73	0.851	52.97%—69.52%	1954—1967
	0.773	—	0.643	70.32%—77.75%	1967—1993
德国（联邦德国）	0.951	缺数据	缺数据	36.83%—50.20%	1872—1895
	0.866	-0.553	0.929	51.4%—65.01%	1896—1926
	0.727	-0.707	0.811	65.32%—73.38%	1927—1993
法国	0.742	0.648	0.825	25.5%—50.24%	1851—1929
	0.962	0.589	0.991	50.72%—70.24%	1930—1968
	0.893	-0.816	0.898	70.65%—74.57%	1969—1993
巴西	0.983	0.978	—	36.16%—50.06%	1950—1964
	0.954	0.995	0.989	51.04%—71.63%	1965—1993
	0.958	0.997	0.938	36.16%—71.63%	1950—1993
墨西哥	—	0.977	0.958	42.66%—49.94%	1950—1959
	0.952	0.964	0.972	50.75%—72.6%	1960—1993
	0.91	0.981	0.943	42.66%—72.6%	1950—1993

6.1.2 "蓄生型"与"伴生型"两种发展类型

分析美国、日本、英国、德国、法国和巴西、墨西哥在城镇化进程与各等级在校生人数的进程图，可以发现一些规律。

首先，50% 城镇化率后，日本、德国、法国、英国在校小学生数量呈现基本稳定或略为震荡下降的趋势。美国的在校小学生人数虽然整体上在增长，但是平均增速达不到 50% 城镇化率之前的增速而且震荡较为明显（图 28）。实际上，在 50% 城镇化率之前，基本智力城镇化国家都已经大量普及了初等教育，为当时蒸汽机时代和电力初期时代的城镇化产业准备了适合的城镇化人口。[①]

其次，50% 城镇化率后期，美国、日本、英国、德国、法国中高等教育在校人口数量发展迅速，为电气时代推进和信息时代的兴起储备了大量适合的人才层次（图 28—

---

① 资本主义制度首先建立的英国，科技革命一个多世纪才完成（而德国只用了约半个世纪，美国只用了 40 年），很大原因是因为教育发展落后。直到 1870 年，英国通过《初等教育法》，才开始推行普及义务教育。而德国在 16 世纪 60 年代某些封建公国就出现了义务教育法。德意志联邦统一后又及时颁布了初等教育方面的法令。而美国马萨诸塞州在 1852 年就及时颁布了初等教育法令（袁桂林，1995）。

图32）。其中，中等教育人口数量的增长速度明显高于高等教育人口数量的增长速度。

日本在1953年城镇化率达到50%之前，其小学教育发展已经趋于稳定，其在校小学生人数与之后基本持平，甚至略为下降（图29）。日本在校中学生人数在50%城镇化率之前增加非常迅速，对应的在校大学生人数则增长相对缓慢。50%城镇化率后，日本的小学和中学在校生人数迅速达到一个略为波动均衡的状态，在校大学生人数则是明显提升。这说明在50%城镇化率前，日本的小学、中学和大学教育水平发展较高，已经为城镇化的快速发展提供了大量的人力和智力储备。

英国到达50%城镇化率的时间较早，约为1851年，彼时第一次工业革命如火如荼，用机器替代了手工劳动，促进了教育的革新（图30）。那个时候尽管英国相对于德国、法国其教育相对落后，但是由于整体社会生产力水平较低，初级教育水平的各类人口即可满足城镇化进程的推进对人口素质的要求。

追溯历史我们也可以发现，德国、法国的现代教育发展比英国、美国和日本还长，早就为不同科技时代的城镇化进程准备了适合时代的大量初级、中高级教育人口，为后来走向智力城镇化道路打下坚实的基础（图28—图32）。

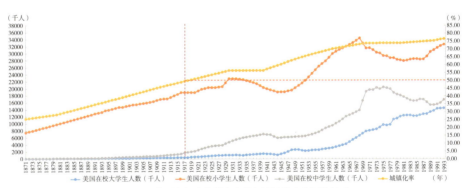

图28　美国各级在校学生人数与城镇化率发展的关系

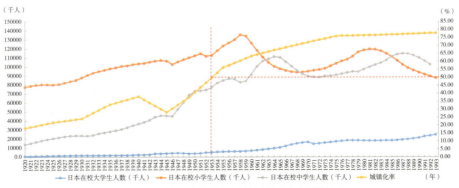

图29　日本各级在校学生人数与城镇化率发展的关系

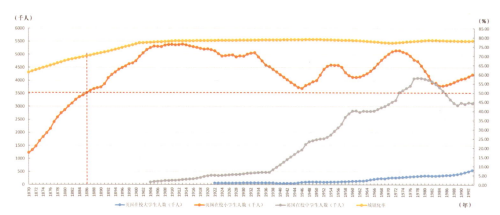

图 30　英国（英格兰和威尔士）各级在校学生人数与城镇化率发展的关系

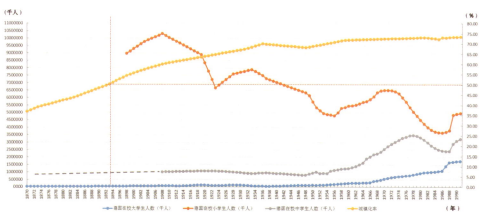

图 31　德国各级在校学生人数与城镇化率发展的关系

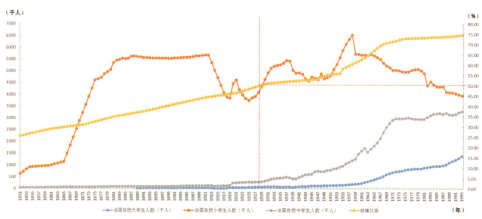

图 32　法国各级在校学生人数与城镇化率发展的关系

另外，从巴西、墨西哥在城镇化进程与各等级在校生人数的进程图可发现（图33、图34），与5个智力城镇化国家有所不同，各等级教育都随着城镇化率的推进始终在飞速增长。首先巴西、墨西哥达到50%城镇化率都在20世纪60年代，世界生产力水平已经达到一个很高的水平，自动化为主的工业革命要求更高教育水平的智力人才才能适应城镇化的进程。但是巴西、墨西哥现代教育起步较晚，初级义务教育的普及在20世纪60年代都还未达到，完全达不到快速城镇化进程中对城镇人口智力的教育要求。于是在整个城镇化推进的阶段，巴西、墨西哥都在加大对教育的投入，不断促进新时代城镇化对人素质提升的要求。

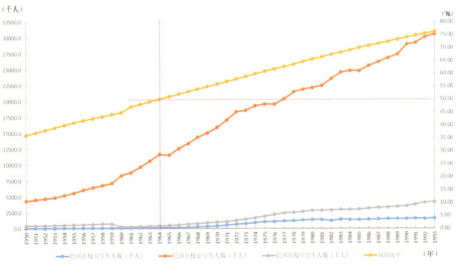

图33 巴西各级在校学生人数与城镇化率发展的关系

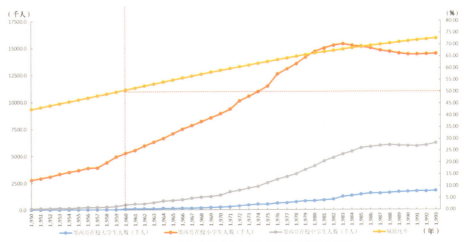

图34 墨西哥各级在校学生人数与城镇化率发展的关系

综上所述，我们可以从体力城镇化与智力城镇化主要代表国家教育发展水平和城镇化进程发现两种不同的关系：

第一种以英、德、法、美、日为代表，在 50% 城镇化率前现代教育已经为城镇化的进程准备了大量适合的教育人口，为后来城镇化的健康、品质发展打下坚实的人力资本基础，可以把这种教育发展促进城镇化进程之间的发展类型称为"蓄生型"关系。

第二种则是以巴西、墨西哥为代表，由于现代教育发展起步较晚，适合城镇化发展时代要求的教育人口数量，远远跟不上城镇化发展的需求，教育发展不得不伴随着城镇化快速推进而快速发展，可以把这种教育发展促进城镇化进程的发展类型称为"伴生型"关系。伴生型关系实际是教育发展水平不能满足城镇化推进水平的一种教育与城镇化发展的关系。

6.2 英国：初等教育助力跨越走向智力城镇化

6.2.1 发展基础

（1）科技环境

18 世纪 60 年代，英国爆发了工业革命，使其迅速摆脱传统的路线而加速发展。1765 年纺织工人哈格里夫斯发明了手摇纺织机——"珍妮纺织机"，揭开了工业革命的序幕。1769 年瓦特发明了单动式蒸汽机，1785 年瓦特制成的改良型蒸汽机投入纺织业开始使用，人类社会进入机械动力自动化的"蒸汽时代"。蒸汽机的发明与改进，纺织机械的发明、革新与广泛应用，使第一次产业革命在起源地英国迅速发展。由于劳动生产率大为提高，1840 年左右英国成为世界上第一个基本完成工业化任务的国家，城镇化率超过 50%。

（2）政治环境

经过宗教改革、资产阶级革命和王朝复辟，英国社会发生了很大的变化。15 世纪末，英国完成"圈地运动"，迫使农民无法生存，只好到城市打工谋生，促进城乡之间的人口流动。1688 年，英国完成了大革命，建立了君主立宪制国家，直到"一战"前，获得了 200 多年的稳定发展时期。

（3）经济实力

通过工业化和殖民掠夺，英国在 18—19 世纪积累了大量的经济财富。1848 年，英国铁产量占世界总产量的一半，煤炭占 2/3，棉布占 1/2 以上，贸易额占当时全球贸易总额的 20%—25%[81]。直到约 1890 年，英国才失去工业霸权，被美国超越。

6.2.2 城镇化发展历程[①]

（1）英国城镇化的进程分析

作为工业革命的发源地，英国在 18 世纪至 20 世纪初期一直在世界范围内保持着综合实力的世界领先地位，它是第一个实现工业化、城镇化的西方发达国家。英国在 1801—1892 年是世界上当之无愧的经济中心国；在 1892 年后其世界经济地位才被美国所取代（蔡来兴，1995）[82]。

英国城镇化起步早，1800 年的城镇化率已经达到 36%，到 1851 年城镇化率达到 50.2%，用 50 多年的时间初步实现了城镇化；而到 1901 年，英国城镇化率达到 77%，基本步入成熟稳定发展阶段，2013 年城镇化率达到 82.09%（图 35）。从城镇化起步发展到稳定成熟阶段，英国城镇化经历了 100 多年的发展；36%—77% 城镇化率期间，城镇化率年平均增加约 0.41 个百分点。

（2）英国城镇化进程中的经济发展分析

根据可获得数据分析，英国城镇化进程与国民收入具有高相关性（表 23）。在 36%—77% 阶段，城镇化率与 GDP 的发展紧密相关，其相关系数为 0.98。表明城镇化进程的推进，快速释放了经济发展要素，对经济增长具有重要的推进作用。而达到成熟的城镇化阶段后（77.1%—78.5%），城镇化率与经济的相关系数为 0.58，其相关性明显降低。这说明，城镇化发展到后期，城镇化的要素红利释放完毕，城镇化发展虽然还能推动经济增长，但是作用大不如在城镇化快速发展的阶段。推测应有另外的要素，如知识创新、智力创造、制度红利等，进一步推动经济增长。

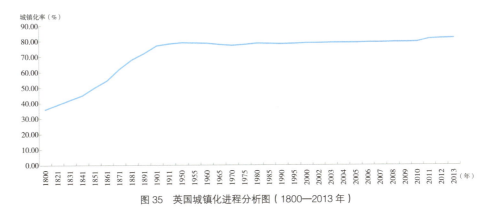

图 35　英国城镇化进程分析图（1800—2013 年）

---

① 数据来源主要如下：英国人口 1801—1959 年间的人均 GDP 数据主要来自于中国科学院经济研究所世界经济研究室编的《主要资本主义国家经济统计集（1848—1960）》（世界知识出版社，1962 年 09 月第 1 版），根据该统计资料提供的人口和 GDP 数据整理而得。英国 1950 年前的城镇化数据也比照了"The Making of Urban Europe, 1000—1994"（Pad Hohenberg, Lynn Lees, 1995）获取；1950—1959 年数据来自于 2014 年联合国经济和社会事务部人口司的数据库；1960 年以后的城镇化率与人均 GDP 数据均来自于 2014 年的世界银行数据库。

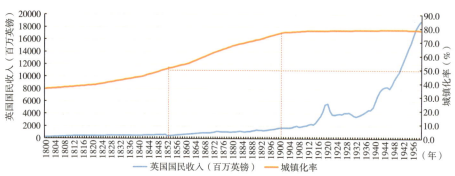

图36　英国城镇化进程与国民收入的发展变化图（1800—1956年）

英国城镇化率36%—77%阶段，国民收入从230百万英镑增加到1724百万英镑，翻了7倍；英国城镇化率77.1%—78.5%阶段，是属于英国经济进一步快速腾飞阶段，国民收入从1738百万英镑增加为18931百万英镑，足足翻了10倍有余，且相对数额巨大（图36）。因此可以推测稳定城镇化阶段后，新的经济增长要素对经济的增长贡献巨大。英国在1900—1940年间，由于"一战""二战"和世界经济危机的影响，经济发展较为动荡，本应该在城镇化发展稳定后就出现的经济快速腾飞却延迟到1940年以后。

英国城镇化率（%）与国民收入（百万英镑）的相关性分析　　表23

年份（年）	城镇化率	国民收入（百万英镑）	国民收入与城镇化进程的相关性
1800—1901	36%—77%	230—1724	0.98
1800—1851	36%—50.2%	230—646	0.91
1852—1901	50.6%—78.5%	440—1724	0.94
1902—1959	77.1%—78.5%	1738—18931	0.58

6.2.3　初等教育助力英国跨越50%城镇化率走向智力城镇化道路[83]

1800—1900年，是英国城镇化快速发展的阶段，城镇化率从36%增加到77%。这个阶段中，英国的中学和大学教育发展缓慢，主要是由小学教育为这个阶段的城镇化发展提供人才（图37、图38）。由于这个阶段是第一次工业革命为主的时期，是纺织机械的发明、蒸汽动力为主的机械自动化时代，英国主要以纺织、钢铁、煤炭行业为主导产业，在当时的行业发展和技术背景下，对人教育素质的需求通过初等教育即可实现。**研究表明，英国初等教育助力英国城镇化率迈过50%的关口，为后来走向智力城镇化道路奠定了坚实的基础。**

图 37　英国（英格兰和威尔士）各级在校学生数与城镇化率发展的关系（1870—1960 年）

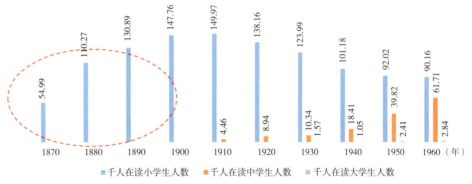

图 38　英国（英格兰和威尔士）在读小、中、大学千人指标（1870—1960 年）
注：在读小/中/大学千人指标 =（在读小/中/大学人数）/全国人数 ×1000

（1）英国 50% 城镇化率前后初等教育的主要发展历程[83]

17 世纪下半叶，英国社会明显分化为数量极少的富有特权阶层和众多的下层百姓或贫民阶层两大阵营，同时新兴的中产阶级也迅速崛起。随着资本主义发展和城镇化的推进，统治阶级意识到使广大社会下层群众接受基本的读、写、算教育，有助于使他们了解基督教原则，维护社会现有秩序。因此，自 17 世纪开始，英国社会的慈善教育得到很大的发展，各种形式的为穷人开设的初等教育机构大量出现。17 世纪末，英国国教会成立的基督教知识促进会，通过公共认捐建立了许多慈善学校，主要是对社会下层群众进行基本的基督教道德教育和初步的职业技能教育（如缝纫），毕业后直接进入社会进行工作。

18 世纪下半叶，英国在世界上率先开始了工业革命，将成千上万的成人和儿童赶入工厂、矿井和车间，从事长时间的劳动，因此慈善学校逐渐受到冷落。至 18 世纪末，这种慈善学校最终为导生制学校和星期日学校所代替。而基督教知识促进会也被后来成立的中央组织全国贫民教育促进会所取代。慈善学校、星期日学校和导生制学校一脉相承，主要是给广大贫苦子弟以基本的文化道德和职业技能教育，使他们成为守法的公民和合格的劳动力。

当罗伯特·洛（Robert Lowe）于 1867 年在爱丁堡呼吁"我们不能放任这整整一代人在无知中长大，要知道他们的双手中握有我们的未来，也是这个国家的未来"时，人们已经意识到，全面、彻底的义务教育是改善英国下层阶级的最好武器，也是医治英国城镇化发展过程中社会问题的良方。1870 年颁布教育法，英国开始进行初等教育的普及，保证普通民众受教育的权力和建立了强制入学制度，并开始进行小学人数的正规统计。

（2）大量初等教育人口支撑工业革命引导的英国城镇化

随着工业革命出现的职业结构调整动摇了英国宗教教育的根基。当社会要求具备专业知识的技术型人才时，单纯的宗教教育已经很难满足需要。虽然英国不是第一个开展现代教育改革的国家，其教育发展落后于意大利、法国和德国，但是有较为稳定的政治环境。19 世纪大量初等教育学生的培养，仍然为产业革命引导下的工业化发展培养了大量的人才，满足了这个阶段城镇化发展对人素质的需求[83]。1835 年，星期日学校联合会声称拥有 50 多万学生。1851 年，星期日学校共有学生 200 多万。根据英国全国贫民教育促进会统计，至 1830 年，导生制学校数量为 3670 所，在校学生达到 34.6 万人。1870 年教育法颁布后，据统计，1870 年英国仅英格兰和威尔士就有 123.1 万的小学在校人数，在读小学生千人指标约为 54.2[84]。

（3）入学对象由贵族到普通市民

根据王承绪（1983）[85]等人对英国教育史的研究，可以发现英国在 17 世纪之前的大学和公学主要受到教会的控制，以神学教育为主，包括牛津和剑桥大学、伊顿公学等著名公学，都受教会控制，且以文法学校为主，是贵族和有钱子弟才能进入的学校。1870 年以前的 19 世纪英国初等教育主要由教派为基础的组织控制和提供，但是入学对象由于工人阶级地位的提升变为以工人为主的普通市民，直接为英国这个阶段的城镇化提供大量适合机械化时代技能和学习能力的劳动人口。

（4）授课内容由神学到自然学科等

在授课内容方面，为符合工业化带动下的城镇化教育的需求，英国初等教育的内容也逐渐从神学和初级的基本教育，扩大到更多的自然科学科目。1902 年统计，在当时 23925 所招收 7 岁以上儿童的初等学校中，几乎所有的学校都开设了英语（包括阅读、文法、作文）、算术、书写、地理、历史、常识、体育和唱歌，20040 所学校开设了绘画课，1355 所学校开设了代数课，1027 所学校开设了家政课，此外，开设了速记、测量、动物生理学和机械学课程的学校也有上百所[83]。

（5）从教育看中低阶层社会上升通道加强

无论是基督教的慈善学校，还是星期日学校、导生制学校，都是为贫苦阶层设立，并不与中高等教育衔接，读了之后直接进入社会工作，大多继续从事繁重的工人工作。而公学、大学等学校仍然仅仅属于贵族和少量富裕阶层。1870年颁布教育法后，普及初等教育，但是公立和私立并存，并且不与中等、高等教育衔接。直到1944年的教育法颁布后，初等、中等和高等教育才相互衔接，中低收入阶层从教育往上层的通道更加顺畅。

6.3 德国、美国、法国：初、中等教育助力跨越走向智力城镇化

6.3.1 发展基础

（1）科技环境

1866年，德国人西门子制成了发电机，到20世纪70年代可用的发电机问世，开启了第二次科技革命的大门。随后电报机、三轮汽车、四轮汽车、电灯、电话、电影放映机不断出现，电气化时代带来德、美、法社会经济各方面的变革。城镇化率跨越50%的时间，德国约在1893年，美国在1918年，法国则约在1931年，均处在第二次科技革命的电气时代。

（2）政治环境

政治环境方面，德、美、法三国在电气化时代都处于相对稳定的发展时期。 原本是欧洲小国的德国，1834年确立德意志关税同盟，推动了德国的合并。19世纪60年代的普奥战争和德意志联盟发动的普法战争促进了合并，基本形成了现在的德国。直到1871年，德意志完全统一，在铁血宰相俾斯麦的领导下，建立了较为集权的统一国家，迎来了1871—1914年约43年的快速稳定发展时间。1776年，美利坚合众国成立，开始了独立发展的道路。除了1861—1865年美国南北战争造成了短暂的政治环境不稳定之外，迄今为止美国拥有长达200多年的稳定发展环境。进入18世纪后期，法国战争频发，改朝换代频繁。1789年法国大革命爆发，1792年建立法兰西第一共和国。直到1960年，共经历了5个共和国、2个帝国，以及4个短期政权。其中，法国普法战争战败后建立的法兰西第三共和国统治从1870年到1940年共计70年，刚好是法国城镇化实现跨越发展的阶段，城镇化率从1880年的34.54%到1960年的61.88%。

（3）经济实力

德国、美国、法国作为老牌资本主义国家，随着19世纪80年代工业化的推进，**经济整体实力非常强**（图39）。进入第二次科技革命的时代，英国从约1880年丧

图 39 美、英、德、法、日工业生产占世界总量比重的变化（1820—1960 年）
数据来源：中国科学院经济研究所世界经济研究室. 主要资本主义国家经济统计集（1848—1960）[M]. 世界知识出版社，1962.

失了世界经济的主导地位，世界第一的经济体地位被美国所取代。电气化科技革命主要阵地是在德国、法国和美国，也是当时的教育和科技强国。德国的工业经济约在 1900 年开始超过英国，成为世界第二大经济体，并保持到"一战"前。1880-1940 年，法国在稳定的政治环境下，不断推进经济发展，虽然工业生产总值占世界总量比重整体略有降低，但是依然是世界经济强国之一。

6.3.2 城镇化发展历程

（1）三国城镇化的进程分析

美国城镇化率从 1880 年的 28.2% 增加到 1970 年的 70.0%，平均年增长 0.464 百分点；德国城镇化率从 1880 年的 41.4% 增加到 1970 年的 72.3%，平均年增长 0.343 百分点；法国城镇化率从 1880 年的 34.5% 增加到 1970 年的 71.1%，平均年增长 0.406 百分点（图 40）。美国和德国城镇化从 1960 年开始基本进入稳定城镇化发展阶段，

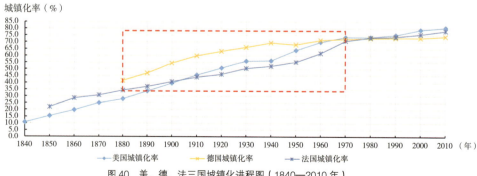

图 40 美、德、法三国城镇化进程图（1840—2010 年）

法国则从 1970 年进入稳定城镇化发展阶段。

根据城镇化率 S 曲线规律，分析城镇化发展阶段的城镇化推进速度（城镇化率约 30%—70% 阶段）。研究发现，德国、美国和法国在约花了近百年的时间从城镇化率约 30% 到 70%，平均城镇化率年增长百分点分别是 0.41、0.52 和 0.41。在这个阶段，美国城镇化率增长较为稳定，德国和法国在 50% 城镇化率前后差异较大。德国从城镇化率 31.6% 增加到 50.2%，只花了 23 年，城镇化率平均每年增加 0.81 个百分点；"二战"前，从城镇化率 50.2% 到 69.9%，用了 43 年的时间，平均每年增加 0.46 个百分点。法国从城镇化率 31.1% 到 51.2%，用了 59 年，城镇化率平均每年增加 0.34 个百分点；"二战"后，从城镇化率 53% 到 71.1%，用了 24 年，城镇化率平均每年增加 0.75 个百分点（表 24）。

（2）三国城镇化进程中的经济发展分析

分析德国 1890—1960 年的城镇化进程与人均国民收入变化（图 41）可以发现，德国的人均国民收入随城镇化的推进，在不同的阶段有不同的增长速度。德国

美、英、德三国快速城镇化进程中的年增长情况表　　　表 24

国家	年份（年）	城镇化率（%）	时间（年）	城镇化率年增长百分点
德国	1864—1895	31.6—50.2	23	0.81
	1895—1938	50.2—69.9	43	0.46
	1950—1960	68.1—71.4	10	0.33
	1864—1960	31.6—71.4	96	0.41
美国	1880—1920	28.2—50.9	40	0.57
	1920—1960	50.9—70.0	40	0.48
	1880—1960	28.2—70.0	80	0.52
法国	1872—1931	31.1—51.2	59	0.34
	1946—1970	53.0—71.1	24	0.75
	1872—1970	31.1—71.1	98	0.41

美、英、德三国城镇化进程中城镇化率与人均国民收入的相关性分析　　　表 25

国家	年份（年）	城镇化率（%）	人均国民收入	相关性
德国（德国马克）	1895—1913	50.2—61.6	551.3—748.0	0.955
	1920—1938	63.1—69.9	917.5—1197.5	无相关性
	1950—1960	68.1—71.4	1556.9—4022.6	无相关性
美国（美元）	1880—1920	28.2—50.9	15—26.5	1
	1920—1960	50.9—70.0	26.5—35.7	1
法国（旧法郎）	1880—1931	34.4—51.2	587.2—5496.9	0.886
	1946—1960	53—61.9	61469.7—454106.3	无相关性

的经济在"一战"前随着城镇化的推进而增加,城镇化率与人均国民收入之间具有高相关性,相关性值达到0.955(表25)。德国的经济在"一战"到"二战"结束期间由于世界经济危机和战争的影响而震荡发展,但是就算在战争时代德国的经济依然保持较高的增长。德国再次的经济腾飞主要在"二战"后,1950—1960年人均国民收入大幅增长(图42)。两次世界战争之间,以及战后飞速发展的德国经济,与城镇化之间没有明显的相关性。据统计,德国工业年平均增长速度1861—1973年、1874—1890年、1891—1900年分别为3.8%、3.5%、4.8%,1901—1914年、1915—1919年、1915—1929年、1930—1934年分别为1.8%、-14.5%、1.4%、-0.3%,1950—1953年、1954—1957年、1958—1960年分别为14.4%、9.9%、7.1%。[①] 相对战前阶段,德国在1950—1960年之间,工业对经济的增长贡献是相对增加的。德国1914年之前经济稳定增长,受到"一战"和"二战"的影响经济发展震荡,新一次的腾飞从1950年开始。

分析美国1870—1960年的城镇化进程与人均国民收入变化图(图43)可以发现,美国城镇化率与人均国民收入水平之间在城镇化发展阶段一直存在高度相关性。因为远离两次世界战争的主战场,美国的经济从美国南北战争之后较为稳定增长,直到1940年之后经济开始再次腾飞(图44)。据统计,美国工业年平均增

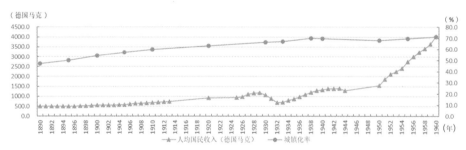

图41 德国城镇化进程与人均国民收入变化图(1890—1960年)

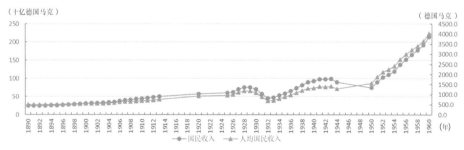

图42 德国国民收入与人均国民收入变化图(1890—1960年)

---

① 数据主要来自于:中国科学院经济研究所世界经济研究室. 主要资本主义国家经济统计集(1848—1960)[M]. 北京:世界知识出版社,1962.

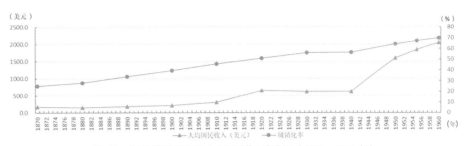

图 43　美国城镇化进程与人均国民收入变化图（1870—1960 年）

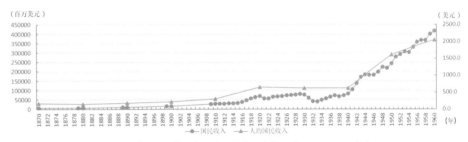

图 44　美国国民收入与人均国民收入变化图（1870—1960 年）

长速度在 1861—1973 年、1874—1890 年分别为 5.0%、5.2%，1891—1900 年为 -3.5%，在 1901—1914 年、1915—1919 年、1915—1929 年分别为 4.8%、3.2%、4.5%，在 1930—1937 年为 0.67%，在 1938—1943 年为 12.7%，1938—1948 年、1949—1953 年、1954—1957 年、1958—1960 年分别为 4.9%、6.0%、2.4%、2.6%。这段时间，美国经济第一次快速腾飞是在 1910—1918 年左右，第二次是 1940 年后，美国经济再次快速发展阶段。

分析法国 1880—1960 年的城镇化进程与人均国民收入变化图（图 45）可以发现，法国城镇化率与人均国民收入相关系数在 50% 城镇率前为 0.89，而 50% 城镇化率之后则没有显著相关性。普法战争后的法兰西第三共和国（1870—1940）战争时期，法国的经济一直稳步增长，两次时间大战期间受影响曲折发展，到"二战"结束后开始踏上经济快速增长的通道（图 46）。据统计，法国工业年平均增长速度在 1854—1857、1858—1960 年分别是 9.9% 和 7.1%，在 1870—1890 年、1891—1900 年、1901—1913 年分别是 2.1%、2.6%、3.3%，在 1914—1919 年是 -10.6%，1914—1929 年恢复到"一战"前水平 2.1%，1930—1937 年、1938—1948 年分别是 -3.9%、0.4%，1949—1953 年、1954—1957 年、1958—1960 年分别是 6.1%、9.7%、6.2%。法国的经济和国民收入水平，在"二战"后 1948 年开启经济腾飞的空间。

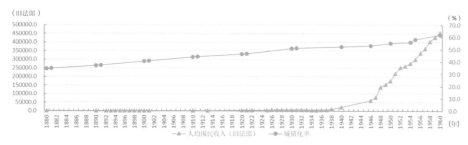

图 45 法国城镇化进程与人均国民收入变化图（1880—1960 年）

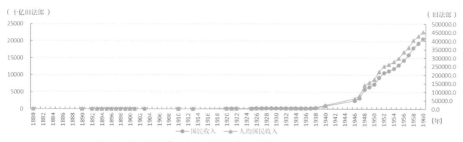

图 46 法国国民收入与人均国民收入变化图（1880—1960 年）

6.3.3 初、中等教育助力三国跨越 50% 城镇化率走向智力城镇化

19 世纪 60 年代到 20 世纪 40 年代，是科技革命的电气化时代。电气化引导下的产业发展，从纺织、钢铁、煤炭等主要行业发展到汽车、金融、交通运输、通信等行业，对进入城镇工作的人来讲，其教育知识水平随之要求提升。分析德、美、法三个国家在这个时期的在读小、中、大学的发展状况可以发现（图 47—图 49），在这个阶段高等教育还没有进入大众教育阶段，培养的学生数量也较少，中等教育相对之前的蒸汽时代已经有快速的发展，逐渐大众化，初等教育普及之后依然稳定发展。在**这个时期，德、美、法三国初等教育和中等教育方面培养了大量适合当时行业发展和科学技术水平的劳动者，助力三国城镇化率分别迈过 50% 城镇化率的关口，并为 1945 年之后的经济发展奠定了良好的智力基础。**

（1）三国 50% 城镇化率前后初中等教育发展历程

1）德国（初、中等教育发展）[86]

16 世纪中叶，德国开始宗教改革，随之进行教育改革。随着路德关于普及义务教育思想的传播，德国成为当时教育最发达的国家，一些西方教育史家认为，德国的国民教育制度的建立早于法国 100 年，早于英国 200 年。1794 年较大公国普鲁士颁布义务教育法令后，德国基本上效法实行了义务教育。1794 年，弗里德里希大帝颁布了《公民法》，从教会手中正式夺取了教育领导权，这表明 18 世纪末德国的

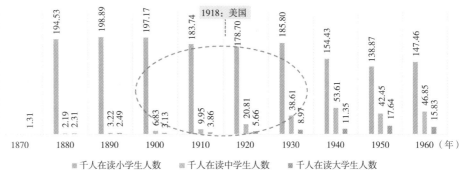

图 47　美国在读小、中、大学千人指标（1870—1960 年）

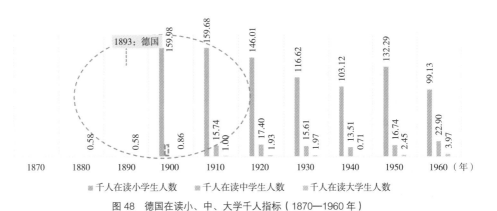

图 48　德国在读小、中、大学千人指标（1870—1960 年）

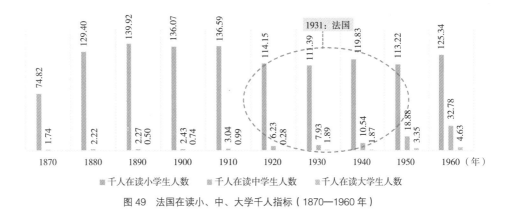

图 49　法国在读小、中、大学千人指标（1870—1960 年）

学校教育向世俗化迈进了一大步。

德国社会科学家皮希特曾经指出："19 世纪，德国在强大的文化国家中得以崛起，就靠了大学和中小学的扩建。直到第一次世界大战为止，德国的政治地、他的经济繁荣以及工业发展，都建立在它当时现代化的学校体系和它具有世界声誉的科学成就之上"。早在 19 世纪初期，洪堡教育改革增强了德国领导阶层和广大群众的重教育意识，逐步形成了三级教育体系：初等、中等和高等。洪堡把中等教育的改革主要放在文科中学上，而不是职业教育性质的实科中学。实科中学的改革，主要是根据魏玛共和国时期的凯兴斯泰纳的职业教育思想而改革。

1871年普鲁士统一，工业化迅速发展。1872年德国颁布了《普鲁士国民学校和中间学校的一般规定》（简称"一般规定"），以代替《斯蒂尔章程》，使学校教育更好地为当时社会和经济发展服务。帝国时期（1871—1918年），德国义务教育得到了切实的贯彻，初等教育普及，中等教育网也迅速发展。由于当时工业、农业和科学技术现代化对实科教育的需要，一批高级实科性的中学，如文实中学和高级实科中学等迅速兴建起来。1900年由威廉二世签署了学校法，规定了文实中学和高级实科中学毕业生一样具有升入大学的资格。这样，德国的双轨制在高中阶段教育机构多样化的发展中得到巩固[86]。

魏玛共和国1919年成立的时候，宪法规定科学和教学自由，实行8年普通义务教育和对18周岁以前的青少年实行职业义务教育，在每个儿童都同样须读的基础学校基础上设中间学校和高级中学。魏玛共和国根据宪法制定了《关于基础学校和撤销预备学校的法令》，废除了预备学校，建立了统一的初等教育机构——四年制的基础学校（国民学校教育基础阶段）。在魏玛共和国时期，全部基础教育毕业生中大约有10%升入高级中学，2%升入中间学校，88%升入国民学校高级阶段。战后，联邦德国学校体制进一步以魏玛共和国时期的学校体制为蓝本不断巩固发展起来。

德国这段时期中等教育的改革是一场非常重要的革新，促进了德意志快速城镇化进程中德意志工程师的职业化和组织化的形成，德国闻名于世界的中等教育和大学教育，正是这种改革的结果[87]。

2）美国（初、中等教育发展）[88]

1783年美国取得政治上的独立，资本主义迅速发展起来，大工业生产要求美国必须提高工人的文化水平，普及初等教育。从1810年到1860年，美国的工业产值增长10倍，财富的积累为公立学校的建立奠定了坚实的物质基础，同时也刺激了广泛的教育需求。尤其是大量移民和专业的农民加入到产业工人队伍中，要求推进公立教育。贺拉斯·曼（Horace Mann）的推动，促进了美国公立教育系统的发展。到1865年，美国大多数州建立了公立学校制度，大量的儿童获得了初等教育。此外，马萨诸塞州、纽约、宾夕法尼亚以及其他一些州的青年还接受了免费的中等教育。新的公立中学作为公立教育完整体系的组成部分也建立起来了。

19世纪的后10年与20世纪的前20年，是美国城市化加速发展的时期，通常被美国史学家称为"进步时代"[89]。入境的外来移民人数达到2895万，占美国历史上在册移民总数的48.6%[90]。大批"新移民"从东欧、南欧蜂拥而至,他们操不同语言、持不同宗教信仰、奉行不同的生活方式,对原有的所谓盎格鲁－萨克逊白人清教徒文化形成了巨大的冲击。"新移民"产生了公民身份认同的困境,而公立学校内部也存在巨大的分歧。面对社会转型期的诸多问题,"美国化"运动在社会各界的参与下悄然兴起,并通过公民科课程的探索与公民模拟训练的尝试,有效地促进了新移民子弟的融入,保障了美国城市化的快速发展及长治久安[91]。

1918年,美国中等教育改组委员会颁布了《中等教育的基本原则》,提出美国中等教育应达到的目标:健康、掌握基本方法、高尚的家庭成员、职业、公民资格、适宜性地使用闲暇以及道德品格。改组委员会建议,中学和高等院校应尽可能地扩大招生,以改善小、中、大学的衔接。而中学既要满足人才专门化教育的需求,又要通过各种手段和途径来实现社会对于人的统一化发展的要求……作为标准教中等学校的形式应当是综合中学,即把所有的课程(包括职业教育课程)都包括在内。从20世纪初开始,综合中学逐渐成为美国中等教育的主要形式,从而使美国的学制以单轨制为主要特征[92]。该原则认为中等教育对发展美国民主制度,获得统一的身份认同具有重要的作用。

1889年以后,美国中等教育发展较快。根据联邦政府的统计,中学生数从1889—1890年度总人口中每210人中有一名学生发展到1914—1915年度总人口估计数的每73人中有一名学生[88]。

3）法国（初、中等教育发展）[93]

第一帝国（1804—1814年）通过教育立法,设置自上而下的一整套教育管理机构,中央集权的教育制度一直在法国教育领域占据支配地位,并成为法国现代教育管理制度的基本特点,奠定了法国近现代教育制度的基础。19世纪后半叶开始发生的第二次工业革命等对20世纪法国的政治和社会产生了重大影响。而义务教育制度的建立、教育中科学性的加强和宗教性的削弱,则直接规范了20世纪法国教育的走向。虽然在不到50年的时间里,发生了两次破坏性极大地世界大战和一次严重的经济危机,但法国的教育还是在国内外有利因素的影响下,取得了一定的进步,得到初步现代化。

法国在19世纪末已经基本普及了初等教育（第三共和国时期法国义务教育体制基本建立）,所以20世纪上半叶教育民主化的努力主要集中在中等教育领域,主要在以下两个方面取得比较突出成果:中学的免费,延长义务教务年限1年。1933年5月31日的财政法规定,国立和市立中学的所有班级实行免费。这一政策极大推动了中等教育发展。仅1930年到1936年,法国公立中学的学生数量就从18万增加到27万。

1945 年，法国政府的 45-26 号法令恢复了战前的规定，明确了国立和市立中学所有班级免费。考虑到设在大型国立中学里的大学校预备班和其他中学后班级享受助学金的学生比例很大，法令又向前推进了一步，规定这些班级也免费。此外，规定免费制度大大方便了社会中下层子弟的就学。1944 年，法国中学生数量约为 21 万，1958 年猛增至近 50 万。自大革命提出教育民主化，第一帝国建立了基本框架，到中等教育免费制度的实施，经历了一百多年的时间。

1958 年法兰西第五共和国的建立，以政府法令方式进行了教育改革，重点是中等教育。法国的中等教育不再分国立和市立，统一改革形成普通和技术两种类型，长期和短期两个层次。改革从 1959 年开始实施，于 1967 年完成十年义务教育的普及。通过这次改革，法国初中教育阶段的入学率明显提升，中学生平均年龄下降，职业技术教育地位也有所改善，被纳入正规中等教育的范畴。1945—1963 年，法国中学生数量增加最快，由不足 30 万到超过 100 万；早已普及的小学，学生数量也因出生率的提高而由 512 万增加到 812 万。

（2）三国初、中等教育助力跨越 50% 城镇化率的表现

1）教育理念走向实用主义教育（科学化）

19 世纪中叶到"二战"之前，工业、农业和科学技术的现代化对学校教学内容产生了很大的影响，特别是对数学和自然科学教学的要求提高了。随着电气化时代产业革命的推进，自然科学在生产领域的广泛应用，急需技术员、工程师、自然科学家。因此小、中学自然科学课程亟待提高和普及，使教育顺应现代化的要求，高等教育中的科学技术内容逐渐被引入。在这个阶段，欧美一些国家普遍认为培养科技人才的关键是中等教育要打好基础[94]，尤其是德国。

德国在 50% 城镇化率前后主要是处于帝国时期和魏玛共和国时期，不仅强调基础理论教育，而且重视应用教育，在两类主要中学的基础上开办了很多工艺学校、业余技术夜校、星期日学校等。同时，厂方和学徒订立合同，学徒必须接受业余技术教育。高等学校非常重视自然科学理论和应用科学研究。这段时期，德国的物理、生物和化学领域出现了一批杰出的科学家，同时哲学方面的思想影响全球。德国工人的科学文化技术素质、工程技术人员的素质和研究水平都居于当时欧洲的首位[87]。

法国第三共和国费里教育改革后，20 世纪末开始的第二次工业革命中科学技术的发展，使初级和中等教育从学校到机构到教学内容都进行了系列调整。尤其是中等课程设置里加强了现代语言、数学、物理等学科的教学，不仅仅是古典人文中学教育的内容。

美国 19 世纪后期建立的公立学校，在课程设置和教材选用上，增加了各种新兴的科学文化知识。在公立学校中，除了读、写、算外，英语、地理、历史、音乐、美术等学科出现，并逐渐开设了实际应用的和一些自然科学的课程。企业主认为，公立教育具有使工人社会化和训练工人的功能，而工人则认为公立学校教育可以打破资产阶级对知识的垄断。

2）入学对象逐渐走向大众化，加快推动城镇化进程

德国、法国和美国，最开始教育都受到宗教和教育理念的影响，中高等教育主要是针对贵族或者新兴资产阶级而设置。后来随着工业化不断对城镇人口数量和质量的要求，在与传统上层阶层博弈及教育民主化的推进过程中，初中高等教育逐渐走向大众化，并且大量初中等教育人口的培养，加快推动了城镇化进程。

德国早在 1903 年就通过了《童工法》，规定青少年必须接受完整的义务教育才能够进入工厂就业。同时，德国十分重视成人教育，创办各种职业学校，收费低廉，被证明贫困的求学者可以享受免费教育，以保证成人教育的广泛性和群众性特征[95]。德国魏玛共和国时期确定了统一的基础教育，推进了普通教育的大众化，并为高等教育的发展奠定了人才基础。

法国在第三共和国时期，通过费里的教育改革基本建立了法国义务教育体制，实现了以初等教育为基础的普通教育大众化。1933 年，法国首次提出中等教育免费，但是随后遭遇两次世界大战的破坏。直到 1945 年，法国政府通过法令恢复了战前的规定，明确了国立和市立中学所有班级免费。自此，法国的初等中等教育完全实现了大众化教育。

美国 19 世纪 30 年代迅速发展的美国公立学校运动，最终成为美国国民教育的普及运动，在 1865 年左右完成了公立学校的普及。但是实际上在美国教育未实现均等化之前，黑人、印第安人的教育问题甚少被提及。直到 1965 年美国颁布了《初等和中等教育法》，旨在解决包括残疾儿童在内的各种社会处境不利儿童享受教育机会均等的问题。

3）教育的民主化进程促进阶层的流动，但是仍受限制

在帝国时期（1871—1918 年），德国在高中阶段实行双轨制。一轨是，学生进入三年制的预备学校，毕业后分别升入古典语文课中学、文实中学和高级实科中学，可以升入大学。另一轨则是，学生进入四年制的基础学校（或称国民学校低级阶段），毕业后升入四年制的国民学校高级阶段或 6 年制的中间学校，这两类学校的毕业生只能进入各类职业学校学习，而不能升入大学。后者主要是考虑手工业界和所谓中间阶层的需要。

法国直到 1945 年之前，接受高等教育，都还基本是上层子女和精英的专利。法国普通教育（初中等为主）在很长的时间内存在三轨制的等级性：一是小学加帽的相当于初中水平的"补充教育"，面向社会下层，基本毕业后就就业，最多进入师范学校；二是市立中学，它们主要设在小城市，经费来自地方；三是国立中学，它们设立在大城市，经费主要来自国家。只有进入市立中学，特别是国立中学才有希望接受高等教育。1945 年，法国政府的 45-26 号法令明确国立和市立中学只实施中等教育，取消他们的小学班，公立小学向所有社会阶层的儿童开放，中学从他们择优录取，迈出向普通教育单轨制过渡的决定性一步，成为法国教育民主化进程的重大事件。

而美国从 20 世纪初开始，就实行综合中学的单轨发展，有效衔接了初级和高等教育，但没有实现中等教育的普及。据 1918 年《中等教育的基本原则》统计，进入初级学校一年级的学生中，仅约 1/3 进入四年制中学，仅约 1/9 的学生毕业。进入第七年的学生中，仅有 1/2 到 2/3 升入四年制中学的第一学年。进入四年制中学的学生约有 1/3 在第二学年开学弃学，约 1/2 的学生在第三学年开学弃学，不足 1/3 的学生毕业[92]。

6.4 日本：中、高等教育综合助力跨越走向智力城镇化国家

6.4.1 发展基础

（1）科技环境

从 20 世纪 40—50 年代以来，在原子能、电子计算机、微电子技术、航天技术、分子生物学和遗传工程等领域取得重大突破，标志着第三次科技革命的到来，这个时代也叫自动化时代。从 1945 年美国实验成功原子弹开始，第三次科技革命产生了一大批新型工业，第三产业迅速发展；电子计算机的迅速发展和广泛运用，开辟了信息时代；同时它也带来了一种新型经济——知识经济。其中知识经济发达程度的高低已成为各国综合国力竞争中成败的关键所在。日本跨越城镇化率 50% 约在 1955 年，主要处在第三次科技革命的时代，即自动化时代。

（2）政治环境

1868 年明治天皇建立新政府，日本政府进行近代化政治改革，建立君主立宪政体，史称明治维新。经济上推行"殖产兴业"，学习欧美技术，进行工业化建设，并且提倡"文明开化"、社会生活欧洲化，大力发展教育等。明治维新标志着日本工业化的起步，而工业化的发展带动了城市的发展。这次改革建立了天皇的权威下

成立中央集权的行政管理机构，促进日本走向资本主义道路。此后，日本拥有了1868—1937年长达69年政治稳定发展时期，日本经济迅速腾飞。

（3）经济实力

明治维新之后，日本开始了工业化历程。日本工业生产占全世界的比重从1900年的1%增加到.1937年的4%（当时英国是9%，法国是5%，美国是32%，苏联是19%），属于当时亚洲唯一的资本主义强国。1921年后，遭遇了世界经济危机和第二次世界大战，日本经济停滞不前，直到"二战"结束后日本经济开始迎来发展的黄金年代。战后，日本经济经过10年的恢复，从1955年起开始走向高速增长，这一进程至1973年第一次石油危机的18年间，取得了欧美诸国用半个多世纪才达到的成就，使日本从中等经济国一跃成为第二经济大国[96]。

6.4.2 城镇化发展历程

（1）日本城镇化的进程分析

虽然日本的工业化进程开始于1868年，但是农业劳动力主要被束缚在农村，城镇化的进程发展并不快。日本作为亚洲第一个工业化和资本主义国家，1920年后随着工业化进程的加快，大量劳动力和人口继续向城市特别是大城市流动，城市化正式起步（城镇化率18.09%），全国168个城市人口在1930—1940年间平均增加27.1%（图50）。1937年后劳动力加速向重工业城市集中，著名的四大工业带——京滨工业带、中京工业带、阪神工业带、北九州工业带在20世纪30年代已形成，使人口的城镇化率到1940年已达37.9%[96]。日本在中央集权的体制下，城镇化率发展较快，从城镇化率18.09%跨越到城镇化率50%，仅仅用了33年，跨越了其他资本主义发达国家需要经历的百年城镇化历程。

日本城镇化率从1920年正式踏上快速增长时期（图51）。1920—1935年，日本城镇化率年均增长率为0.99个百分点，其中1931—1935年城镇化进程推进最

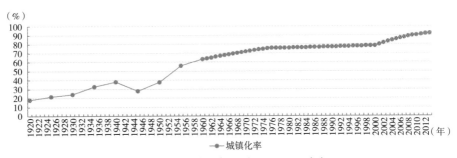

图50 日本城镇化进程图（1920—2013年）

图 51　日本城镇化率年均增长百分点（1920—2013 年）

快，年均城镇化率增长 1.77 个百分点；战后 1945—1960 年，日本城镇化率年均增长率为 2.36 个百分点，其中 1951—1955 年高达 3.72 个百分点；1960—1975 年，日本城镇化率年均增长率为 0.83 个百分点；此后日本进入 1976—2001 年的城镇化率缓慢增长阶段；直到 2001 年才又开始快速增长，到 2013 年，日本城镇化率年增长 1.06 个百分点。

（2）日本城镇化进程中的经济发展分析

日本的人均国民收入随城镇化的推进，在不同的阶段有不同的增长速度，但是城镇化率与人均国民收入之间不具有相关性。近代日本的经济腾飞有两次，一次是 1918 年左右，一次是"二战"结束后开始。

日本工业化初期，主要集中在已有的一些城市，大量农民还是留在农村，直到 1920 年日本城镇化率仅为 18.08%（图 52）。但是日本经济发展却很迅速，从 1890 年国民收入 236 百万日元，发展到 1917 年的 4093 百万日元，27 年间经济翻了 17 倍，年平均国民收入增长率约为 64.2%（图 53）。到 1918 年开始日本经济进入第一次腾飞的阶段，到 1921 年 3 年时间，国民收入翻了 2.6 倍，达到 10688 百万日元。由于外部条件的支持，日本第二次腾飞是战后。特别是借朝鲜战争之机，工厂企业接受大批订货，促进了工业发展。1946 年日本国民收入是 360900 百万日元，人均国民收入是 4761.2 日元，而到 1959 年两者分别是 9991200 百万日元、107861.4 日元，分别是 1946 年的 2.95 和 2.7 倍。

相对于欧洲主要资本主义国家工业化的速度，日本明治维新后工业化的推进速度非常快。日本城镇化的特点是早期在中央集权下，工业化快于城镇化。除了"二战"时期，日本工业年平均增长速度基本以 10% 以上的速度在推进，相比欧洲主要国家的工业化进程快很多。据统计，日本工业年平均增长速度 1868—1873 年、1874—1890 年、

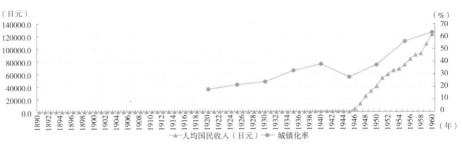

图 52　日本城镇化进程与人均国民收入变化图（1890—1960 年）

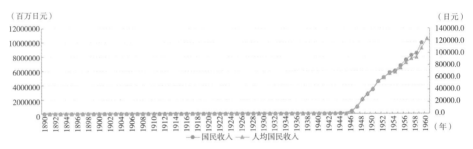

图 53　日本国民收入与人均国民收入变化图（1890—1960 年）

1891—1900 年分别为 32.2%、12.1%、14.3%，1901—1914 年为 6.3%，1915—1929 年、1930—1937 年为 11.9%、9.9%，1938—1948 年为 –8.5%，1949—1952 年、1953—1957 年、1958—1960 年分别是 22.9%、15%、16.1%[97]。

6.4.3　中、高等教育助力日本跨越 50% 城镇化率走向智力城镇化

20 世纪 40 年代到 20 世纪末，是第三次科技革命的自动化时代。自动化引导下的产业变革，在传统的制造行业的基础上又出现了电子信息、生产性服务业以及其他高附加值的第三产业，知识经济被大众所认知。相比前两个科技革命的阶段，城镇化内在的发展要求需要更高知识和技能的人从事相关的行业。日本从明治维新开始，就大力推行教育。经过约 80 年的发展，日本已经形成了比较完整的中等教育和高等教育体系，可适应自动化时代城镇化进程中产业对知识更新的需求。在战后，基本所有的主要资本国家都普及了小学义务教育，要实现在自动化时代的跳跃式发展，差别主要在于中、高等教育对适宜人才的输出（图 54）。所以，对日本而言，助力日本跨越 50% 城镇化率（1955 年）走向智力城镇化的教育层级主要是中、高等教育。

（1）日本 50% 城镇化率前后中高等教育的主要发展历程[98]

日本现代的教育体制，从明治维新开始，经历了三次主要的教育改革。第一次是明治时代、大正时代、昭和时代，约从 1868 年到 1911 年，是日本的国家主义教

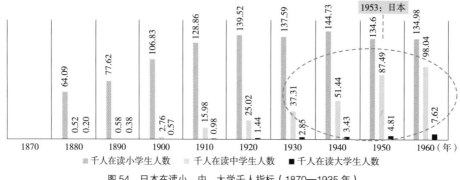

图 54　日本在读小、中、大学千人指标（1870—1935 年）

育体制的形成和发展时期，小学教育制度初步建立及普及（教育对象扩大到全体国民），初中教育与师范教育有所发展，高等教育开始建立和扩充。第二次教育改革主要是从战后到 20 世纪 60 年代，是日本民主教育体制的改革与修正、再改革时期，主要受杜威实用主义思想、生活教育论、个性教育原理和教育投资论的影响，普及了高中教育和建立多样化的高中教育，高等教育逐步大众化。第三次教育改革是 20 世纪 70 年代至今，是日本以教育个性化、教育国际化和教育终身化为中心的时期。中、高等教育与科学技术、企业实践之间结合越发紧密，向多元化方向发展。

1871 年文部省成立后，日本通过翻译书稿和访问欧美各国，详细研究了欧美教育制度的优劣。1872 年，明治政府颁布了《学制》，是日本建立近代教育制度的开端。首先制定了从小学、中学到大学一体衔接的整个学制，提出了"教育是使每个国民得以提高收入、发家致富的最好途径"。在《学制》中，教育被划分为德、智、艺三个方面，把教育的对象扩大到全体国民，规定了学费应有学生缴纳、民间赞助和国库补给三种渠道。由于《学制》的内容与当时日本的实际情况有所脱节或超前，后来被废止，用颁布的《教育令》（1879 年 9 月）来替代。《教育令》一改《学制》的强制干涉倾向，在学校的设置、设备、管理和教学内容等方面更为灵活。到大正时代（1912—1926 年），小学教育基本普及，中学教育和大学教育得到扩展。继制定公布《大学令》后，文部省于 1919 年 2 月 7 日修改了《帝国大学令》，同年 3 月 29 日制定了《大学规程》，从制度上基本完成了大学教育的改革，构筑了第二次世界大战以前教育的形态。1937 年，日本小学教育已全面普及；初中教育也实现了大众化，为了满足学生的就业需求，初中课程还设置了实业课程，为产业界培养了初级技术人才，而高等教育也得到进一步发展。

"二战"结束后，日本经济体制发生了转变，结束了战时的统制经济体制，开始大力发展农需工业，取代军需工业，以此来带动电力、煤炭等基础工业的发展。日本在美国支持下开展了"产业合理化"的运动,其结果是日本工矿业的生产迅速得以恢复,并在短时间内超过了战前的最高水平。在教育方面,日本政府颁发了《学校教育法》及《教育基本法》,开始实施了教育改革,本次是继明治维新之后的第二次大规模改革,是为了更加有效地配合日本经济复苏而进行的教育改革。1953年,日本政府颁布了《科学教育振兴法》,旨在促进小学、中学、大学的科学教学。1955年日本政府制订了《经济自立五年计划》(1956—1960年)、《全新的长期经济计划》(1957—1962年)延续了振兴技术教育的思路,都促进了战后1955—1972年的日本经济的腾飞和城镇化的快速推进。日本在20世纪60年代到70年代初约10年左右的时间,其高等教育(特别是技术教育)取得很大的发展(表26)。

20世纪60年代左右的学生人数统计(人)　　　　表26

年代 学校类型	1960	1965	1970	1972
研究生	1537	4457	12607	14476
大学本科	81684	158006	283674	308322
大专	8166	14203	21799	22266
职高	3375	22208	44314	47853
中专	305687	565270	565508	541412

资料来源:根据日本总务省《第六十回日本统计年鉴 平成23》整理,2010年11月公布

但进入20世纪70年代以后,日本经济已经全面超过西欧各国,与美国的差距也大为缩小。在这种情况下,日本在教育发展的道路上已经不再有可效仿的榜样。20世纪70年代初的学生运动以及石油经济危机造成的大量失业人口,使社会矛盾逐渐凸显,教育面临第三次改革,增设专科学校,加强职业教育,并不断走向个性化教育和国际化、信息化的教育需求。

(2)中、高等教育助力跨越50%城镇化率的表现

1)日本的教育理念紧跟国际,适应城镇化发展的时代要求

在明治政府1868年3月颁布的施政纲领《五条誓约》中,明确提出了明治时代的教育方针,即**"求知识于世界"**,这为日本教育发展的国际化奠定了基础。城镇化的快速发展主要是在20世纪初开始。此时的世界发生了几件大事:一是20世纪20—30年代的进步主义教育运动,这是一次向传统教育的宣战,它的影响遍及全世界;**二是20世纪50—60年代的教育大发展,发达国家实现了中等教育的普及和高等教育的大众化**,发展中国家在普及教育方面也有所调整、有了很大的进步;三是20世纪60—70年代的教育改革,它表现在教育如何适应新科技革命发展的需要

上，涉及教育目标的调整、课程内容的更新、教育方法的改革，特别是人力资本论和终身教育思想的提出，改变了人们的教育价值观，使教育理论和实践进入了一个新世纪[98]。这些教育大事件发生之际，日本都积极吸取了欧美主要国家的教育理念，实时进行教育的改革，才有了日后第二次、第三次日本教育改革，完成了日本中等教育的普及和高等教育的大众化，并逐步向个性化、教育终身化发展。

2）科学技术教育的内容贯穿各层级教育，为城镇化提供了实用性人才

自从1872年《学制》颁布提出了"教育是使每个国民得以提高收入、发家致富的最好途径"，日本教育就开始在实用性道路上迈进，吸收欧美主要发达国家的教育经验，将科学技术教育贯彻到各层级教育之中。区别于之前欧美职业教育和初、中、高等教育并不衔接的特点，日本技术职业教育与中、高等教育部分融合，不断引入科学和技术培养，教育的内容从明治维新的德、智、艺教育，发展到后来重视理工科教育和技术培训。

1945年日本战败后，大部分日本国民认为，科学技术上的落后是日本战败的主要原因。所以，文部省很快便开始着手改革科学技术教育。当时日本仍然盛行重文法轻理工的教育之风，并没有意识到科学技术教育的重要性，不仅是大学教育重文法轻理工，而且义务教育也未能对理工科教育和职业教育充分重视。日本政府于1956年颁布了《适应新时期所需的技术教育》，该法案参照苏联、美国等国家培训科学技术人员的经验，提出了制定并实施日本科学技术教育的方案。实施该方案的目的是，促进中小学的科学职业教育；提高青年工人的技术培训力度；加强中等技术学校的管理；改革高级中学的科学技术教育方式等。这个方案对日本政府其后的教育政策产生了很大的影响[98]。

日本技术教育包括不同的层次，最高层次为大学培养的研究生和本科生，其次为两年学制的专科和五年学制的职业高等院校培养的中级技术人员，再次为中专或职高培养的初级技术人员。除了这些正规的学校之外，许多产业机构也开展了不同水平的技术教育。大学中的科学、工程、农业等院系培养的学生，有些在后来成了科学家、高级技师及专家。此外，中央教育审议会在1966年的报告中，提出了进一步推动教育多样化的建议：中学课程向各个专业分化，满足学生多样化的志向和社会发展的需要；除正规学校教育外，还要开展不同形式的技术教育与培训[98]。

3）中高等教育的发展规划纳入经济发展计划进行顶层指导

1879年，日本政府颁布了《教育令》，削弱了文部省对学校教育的干涉，将权限放给地方政府，开始推行地方分权式教育。但是有国家主义教育传统的日本教育，在战后将教育发展目标纳入经济发展计划进行顶层指导，有效地推动了战后教育的

飞速发展。1955年,为了编制国民经济的长期规划,从宏观上指导国民经济发展,日本政府成立了经济企划厅,统筹经济和教育发展规划。此后到20世纪70年代,国家教育规划的顶层规划指导着十多年的教育快速发展。

1955年日本政府制订了《经济自立五年计划》(1956—1960年),提出了这一时期年均经济增长率为5.0%的目标。该计划明确指出了振兴技术教育是日本的当务之急,并实施了如下教育发展指导措施:义务教育阶段加强理工科教育和职业教育、增加职业高中比、鼓励高中学校和函授学校合作办学等。1957年,经济企划厅拟定了《全新的长期经济计划》(1957—1962年),在确立五年间经济发展目标的同时,强调了教育是经济发展的必要前提的观点,并拟定了大学理工科毕业的人数和增加8000名科技大学生的名额等事宜。1960年,池田勇人政府制定了著名的《国民收入倍增计划》,提出了教育发展的规划,规划中提出的五个目标之一为"提高国民能力与鼓励科学技术教育"。中央经济审议会在审议《国民收入倍增计划》时强调,中等教育是开发国内人力资源的一个重要因素,建议日本政府制定一个改善中等教育的长期规划。

4)企业培训和高中教育相结合以加强企业的需求

用教育振兴产业、发展经济,是日本资本主义确立以来城镇化进程中坚持的主要发展方式,企业也非常重视符合时代行业技能的人才培养。从20世纪50年代后期开始,日本政府便试图把企业内的青年培训方式向技术中学的教育方式靠近,1961年修订的《学校教育法》又明确承认在一定情况下,企业内培训可构成高中毕业资格的一部分。企业培训与高中教育相结合,受到了日本产业界的欢迎。产业界认为,熟练工人需要具有高水平的普通教育的基本知识,培训中心增加数学、自然科学、国语等普通科目的课程比例以后,实际上就同高级中学越来越相似了。但是,这些培训中心毕竟是在正规学校之外进行技术培训的,其学员素质同正规的高中生相比还有一定的差距,因此,不少学员还同时参加高中的夜班或业余班学习[99]。

5)重视农村教育对城镇化的推进

"二战"后,日本大力推广农业机械化作业,推动农业生产率提高。1950—1976年,机械化使日本农业产生了质的变化,但同时也产生了大量的剩余劳动力,缓解了该时期日本的工业因迅猛发展出现的劳动力供不应求的情况。

1950—1975年,日本城镇化率从37.5%快速提升到75.9%。农村剩余劳动力顺利向工业的转移得益于日本农村教育的发展,使得农村剩余劳动力能够适应工业发展的需要。1947年,日本政府颁布了《基本教育法和学校教育法》,规定所有适龄人口的义务教育从6年延长至9年。随后,日本政府不断加大对教育的投入,20

世纪 80 年代就普及了高中教育，使 40% 的农村适龄青年跨入了大学校园。同时，日本政府还在农村推行了一套职业训练制度，对农民进行职业技能训练。国家也鼓励各企业、社会团体积极开展岗前培训，为农村谋职者提供各种学习机会，使其适应工业化所需的工作环境并获得劳动技能[100]。

小结

  本章以典型的智力城镇化国家为代表，从历史的角度分析两类国家城镇化进程中城镇化发展与教育发展的关系，初步揭示教育对城镇化的作用。研究发现，以英、德、法、美、日为代表的智力城镇化国家在 50% 城镇化率前，教育已经为城镇化的进程准备了大量适合的教育人口，教育与城镇化的"蓄生型"关系推动了城镇化的品质发展。以巴西、墨西哥为代表的体力城镇化国家，由于现代教育发展起步较晚，教育与城镇化的"伴生型"关系显示了教育发展水平不能满足城镇化推进需要的教育人口数量和质量。要进一步研究教育对城镇化的作用，则可以进一步梳理智力城镇化代表性国家跨越 50% 城镇化率后进入快速发展阶段，教育对城镇化发展的作用。

  从更广度的历史时空视角分析英、德、美、法和日本的智力城镇化道路在跨越 50% 城镇化率时的科技、政治和经济基础，发现在不同科技变革时代，城镇化进程中的产业科技等发生不同的结构变化，对城镇化进程中人的知识水平和技能要求不同（图 55）。城镇化的发展最终是要适应城镇的产业经济发展的人才，是教育的发展为各国城镇化率跨越 50% 打下了坚实的基础。根据不同层次的教育助力跨越发展的类型与特征，总结了三种类型的智力城镇化道路：蒸汽时代初等教育助力跨越 50% 城镇化率走向智力城镇化类型，以美国为代表；电气时代初、中等教育助力跨越 50% 城镇化率走向智力城镇化类型，以德国、美国和法国为代表；自动化时代中、高等教育助力跨越 50% 城镇化率走向智力城镇化类型，以日本为代表。

  这里需要指出两点。第一，本章只是根据经济、科技需求决定下的该城镇化阶段对城镇人智力的需求，分析从不同教育层级助力跨越 50% 城镇化率的类型，并没有说其他教育没有助力效果。比如本章研究总结美国初、中等教育助力跨越走向智力城镇化，但是没有研究和否定高等教育的作用，只是分析了助力跨越 50% 城镇化率在那个时期主要靠初级和中等教育的推动，与后面美国经济的腾飞走向智力城镇化国家主要靠其高等教育并不矛盾。第二，要区别看待教育与城镇化、教育与经济发展的关系。高等教育对经济的作用可能很大，但是数量有限，对城镇化的直接推动作用不明显。比如德国的高等教育发展很快，在 19 世纪初就建立了世界领先的高等教育制度，但是培养的高等教育人才数量很少，且主要是为了贵族和资产阶级培养，并不能带来社会人的流动和上升，所以城镇化进程却非常缓慢。

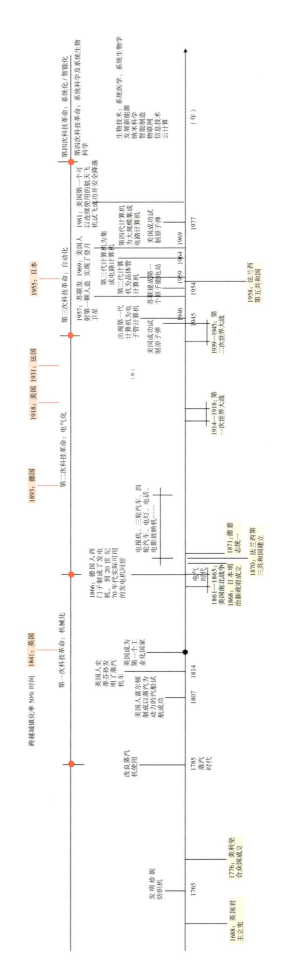

图 55 英国、德国、美国、法国、日本五国跨越 50% 城镇化率的政治、科技时空基础分析图

第七章 城镇化发展稳定阶段教育发展与智力城镇化发展的相关性

7.1 数据的获取及方法

7.1.1 确定研究教育研究对象

世界教育等级的划分经历了不断细化的发展过程（曹燕南，张男星，2013[101]；刘子瑞，2013[102]）。目前，最新的国际教育标准分类法为《国际教育标准分类法》2011版（ISCED—2011），它将国际教育等级按照0—8级共计9个级别进行分类，分别对应不同的劳务市场需求。从ISCED—2011的潜在教育路径图可以看出（图56），1—8级的教育主体都可以进入劳务市场，满足社会发展的专业化需求，但是目前世界主要的发展趋势还是以中等教育、高等教育为主培养的人才大量进入社会劳务市场。

从研究教育数据的可获取性出发，目前研究世界教育的主要权威数据来自于世界银行数据库（Worldbank Data）和联合国教科文组织数据库（data.uis.unesco.org）。这两个数据库关于世界教育的统计资料相对比较完整，主要分为学前教育（Pre-School Education）、初级教育（Primary Education）、中级教育（Secondary

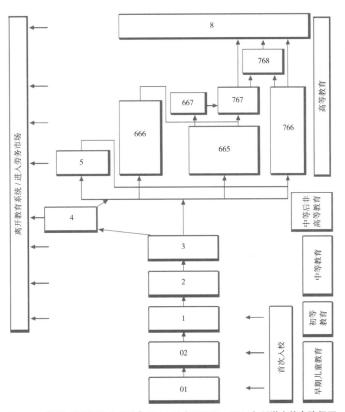

图56　《国际教育标准分类法》2011版（ISCED—2011）版潜在教育路径图
数据来源：《国际教育标准分类法》2011版中文版

Education）和高等教育（Tertiary Education）。学前教育、初级教育、中级教育和高等教育，大概分别与 ISCED-2011 的 0 级、1 级、2—4 级、5—8 级存在对应关系。

本章研究目的，是为了研究在城镇化稳定发展阶段，智力城镇化国家教育发展水平与智力城镇化发展水平的相关性，找出两者的初步数理关系。以前的研究多集中在对高等教育和职业教育的研究，本研究希望系统客观地展现各层次教育发展水平与智力城镇化的量化关系，所以选择以学前教育、初级教育、中级教育和高等教育为主要研究对象，系统分析其与智力城镇化发展之间的相关性，以期发现一些规律，为中国走向智力城镇化道路提供经验借鉴。

7.1.2　确定研究对象

（1）第一次筛选智力城镇化道路研究对象

本章研究主要依据第三章的研究成果，对智力城镇化道路研究对象的选择主要依据智力城镇化国家、体力城镇化国家、摇摆城镇化国家的分类。本研究的重点是智力城镇化国家或地区，"Lay"城镇化国家、摇摆城镇化与超过 50% 城镇化率但是还未明确走上智力城镇化道路的国家或地区不作为本章的研究对象。因此，初步确定本章研究对象为 31 个"Stand"城镇化国家。

（2）第二次筛选智力城镇化国家

按照智力城镇化道路的定义，"三高"目标特征的智力城镇化国家应是具有创新力的国家。因此，根据数据的可获得性，我们以专利表征科技创新能力来进一步筛选研究对象。根据 2012 年专利（国内外）申请量分析，专利总量在 1000 个以上的国家或地区共计有 44 个，专利总量为 2157657 个，占全世界专利总量 2170132 个的 99.43%，可认为他们的社会智力创新能力水平较高，是智力城镇化国家的主要标志（附录 6）。在 31 个"Stand"城镇化国家或地区中，澳大利亚、比利时、加拿大、瑞士、德国、丹麦、西班牙、芬兰、法国、英国、中国香港、意大利、以色列、日本、挪威、荷兰、新西兰、新加坡、瑞典、美国共计 20 个国家或地区的专利总量超过 1000 个，人均 GDP 大于等于 25000 美元；百慕大、冰岛、卢森堡、中国澳门、卡塔尔共计 5 个国家或地区的人均 GDP 虽然大于等于 25000 美元，但是专利总量远远低于 1000 个；而阿联酋、沙特阿拉伯、文莱、波多黎各、科威特共计 5 个缺乏 2012 年专利的数据的国家，其主导产业或以贩卖本国石油或其他自然资源为主，或国家长期陷入战争的泥沼，所以不列为本章研究对象。

所以经过第二次筛选后，确定本章的梳理分析的主要智力城镇化国家或地区20个（表27），分别为：澳大利亚、比利时、加拿大、瑞士、德国、丹麦、西班牙、芬兰、法国、英国、中国香港、意大利、以色列、日本、挪威、荷兰、新西兰、新加坡、瑞典、美国。

最终确定的智力城镇化道路研究对象　　　　　　　　　　　　　　表27

	城镇化率65%—70%	城镇化率大于等于70%
人均GDP大于等于25000美元	意大利	澳大利亚、比利时、加拿大、瑞士、德国、丹麦、西班牙、芬兰、法国、英国、中国香港、以色列、日本、挪威、荷兰、新西兰、新加坡、瑞典、美国

注：针对2014年世界银行数据库有的城镇化率、人均GDP、专利申请量相关数据进行的整理

7.1.3 指标选择与获取

（1）指标选取与计算

第一，衡量智力城镇化发展水平指标的选取（表28）。 第三章分析智力城镇化的内涵表现出"三高"表征为：城镇人的智力水平高（人文素质高）、经济发达及产业附加值高（第三产业发展）、知识创造转化能力高（科技创新能高、高科技企业发展）。根据世界银行公布的指标及检查其数据质量，本书选择反映智力城镇化道路发展水平的指标分别为衡量城镇化水平/阶段的城镇化率；衡量经济发达及产业附加值高的"人均GDP"和"人均GNI"；衡量智力水平高的"百万人科研人员数量""百万人中、高等教育人口入学数量"；衡量高科技转化能力高指标的"高科技出口额""专利申请量"。其中，"百万人科研人员数量"需要根据2015年联合国教科文组织数据库的三个指标计算而来，计算公式为：[Total R&D personnel（FTE）+Total R&D personnel（HC）]/各国人口×100万。"百万人中、高等教

衡量智力城镇化道路指标的选取及来源表　　　　　　　　　　　　表28

智力城镇化主要指标		分析指标	数据来源
城镇化阶段衡量指标		城镇化率	2014年世界银行数据库
智力城镇化"三高"指标	经济发达衡量指标（经济发达及产业附加值高）	人均GDP（现价美元）	2014年世界银行数据库
		人均GNI（PPP, current international $）	2015年联合国教科文组织数据库
	智力水平高衡量指标	百万人科研人员数量	根据2015年联合国教科文组织数据库计算
		百万人中、高等教育人口入学数量	根据2015年联合国教科文组织数据库计算
	高科技转化能力高指标	高科技出口额	2014年世界银行数据库
		专利申请量（含国内外）	根据2014年世界银行数据库计算

育人口入学数量"需要根据 2015 年联合国教科文组织数据的三个指标计算而来，计算公式为：[Enrolment in tertiary education, all programmes, both sexes (number) +Enrolment in secondary education, both sexes (number) / 各国人口 × 100 万。"专利申请量（含国内外）"则需要根据 2014 年的世界银行数据库指标把智力城镇化国家的 residents 和 nonresidents 的专利申请量加起来获得。

第二，衡量教育发展水平指标的选取（表 29）。衡量教育发展水平的指标很多，常用的是教育指数[①]的参考指标：成人识字率，初级、中级、高等教育的综合入学率。本研究扩大了对教育指数的构成指标，对教育发展水平指标的选取主要围绕"人"（学生和教师）、"财"（资金），以及教育体制（学制等）来选取，并结合 2015 年联合国教科文组织数据库中的指标及数据质量情况，选择 22 个指标进行研究。

（2）数据整合方法

首先，数据整理或整合的主要目的，是进行教育发展水平指标与智力城镇化发展水平指标之间的相关性分析。根据指标选取情况，智力城镇化指标有 7 个，选取的教育发展指标有 22 个，分别进行 7×22 次指标与指标的相关性分析。

对相关数据的整合与加工，其方法主要是基于世界银行和联合国教科文组织获取的原始数据（excel 或 csv），对获取的 22 种指标数据进行 7×22 次指标与指标的数据整理，以获取进行智力城镇化与教育发展数理分析的基础分析数据。主要分为 7 类数据整理：分别为教育发展指标数据 vs 城镇化率、教育发展指标数据 vs 人均 GDP、教育发展指标数据 vs 人均 GNI、教育发展指标数据 vs 百万人科研人员数量、教育发展指标数据 vs 百万人中、高等教育人口入学数量、教育发展指标数据 vs 高科技出口额、教育发展指标数据 vs 专利申请量。其中，数据之间的对应关系按照年份进行顺序划分。

7.1.4 研究的阶段及范围

教育发展水平的数据主要从 2014 年联合国教科文组织的数据库获得，教育数据的时间段为 1970—2013 年，20 个智力城镇化国家或地区在这段时间主要属于城镇化稳定发展的成熟时期（瑞士、中国香港和荷兰 1990 年之前除外）（图 57）。城镇化率最低为 1980 年的瑞士，为 57.08%。

---

① 教育指数，是联合国开发计划署发表的人类发展指数的三大成分指标之一，用成人识字率（2/3 权重）及小学、中学、大学综合入学率（1/3 权重）共同衡量。影响人类发展指数的另外两项指标分别为：健康长寿状况，用出生时预期寿命来衡量；经济发展，用实际人均 GDP（购买力平价美元）来代表。

选取的教育发展水平指标列表　　　　　　　　　　　　表 29

分类		指标
人	毛入学率	学前教育毛入学率（％）
		小学教育毛入学率（％）
		中学教育毛入学率（％）
		高中教育毛入学率（％）
	国际留学生数	国际留学生总入境数（人）
		国际留学生总出境数（人）
	适龄学生数	学前教育适龄人口数（人）
		小学教育适龄人口数（人）
		中学教育适龄人口数（人）
		大学教育适龄人口数（人）
	生师比	学前教育生师比（人数为基础）
		小学教育生师比（人数为基础）
		中学教育生师比（人数为基础）
		大学教育生师比（人数为基础）
财	教育支出	政府在教育机构支出占国内生产总值比例（％）
		政府教育支出占国内生产总值比例（％）
		教育支出占所有政府支出的比例（％）
制	教育理论持续时间	学前教育理论持续时间（年）
		小学教育理论持续时间（年）
		初中教育理论持续时间（年）
		高中教育理论持续时间（年）
		中学教育理论持续时间（年）

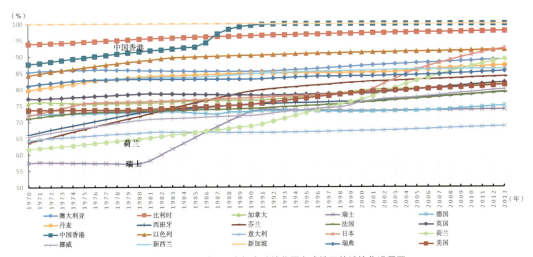

图 57　1970—2013 年 20 个智力城镇化国家或地区的城镇化进程图

智力城镇化道路国家或地区 50% 城镇化率后的教育发展水平指标范围　　表 30

分类	具体指标	有效指标个数	最小值	最大值
毛入学率	学前教育毛入学率（%）	531	5.0	121.0
	小学教育毛入学率（%）	652	81.1	120.5
	中学教育毛入学率（%）	308	53.8	162.6
	大学教育毛入学率（%）	338	8.7	87.1
国际留学生数	国际留学生总入境数（人）	229	2892.0	271399.0
	国际（大学）留学生总出境数（人）	272	3818.0	119123.0
适龄学生数	学前教育适龄人口数（人）	719	52227.0	6087079.0
	小学教育适龄人口数（人）	719	299109.0	11976144.0
	中学教育适龄人口数（人）	719	313303.0	11892540.0
	大学教育适龄人口数（人）	700	212579.0	10584143.0
生师比	学前教育生师比（人数为基础）	326	3.9	40.7
	小学教育生师比（人数为基础）	434	9.0	32.7
	中学教育生师比（人数为基础）	349	6.9	26.1
	大学教育生师比（人数为基础）	333	5.4	27.7
教育理论持续时间	学前教育理论持续时间（年）	764	1.0	4.0
	小学教育理论持续时间（年）	764	4.0	7.0
	初中教育理论持续时间（年）	764	2.0	6.0
	高中教育理论持续时间（年）	764	2.0	5.0
	中学教育理论持续时间（年）	764	4.0	9.0
教育支出	政府在教育机构支出占国内生产总值比例（%）	204	2.8	7.4
	政府教育支出占国内生产总值比例（%）	533	1.5	9.0
	教育支出占所有政府支出的比例（%）	217	8.4	26.4

由 SPSS 描述统计，在城镇化率 50% 后的稳定阶段，衡量智力城镇化国家或地区教育发展水平的指标见表 30，共计 11675 条有效数据。

7.2　教育发展水平与"经济发达和产业附加值高"的相关性

7.2.1　教育中"人"指标与"经济发达和产业附加值高"指标

我们可以发现智力城镇化国家的经济发展水平方面，与教育"人"的发展水平具有显著相关性，但是相关性都偏低（表 31）。

毛入学率方面，人均 GDP 与各阶段的毛入学率显著正相关，但是相关性都偏低，与中学教育毛入学率的相关性最高，达到 0.378。而人均 GNI 与毛入学率各个指标虽然表现出显著相关性，但是相关性相对于与人均 GDP 的更低，其中中学教育入学率与人均 GNI 存在负相关性。

在国际留学生数方面，人均 GDP 与人均 GNI 分别与国际留学生总入境数、国际留学生总出境数都存在显著正相关性，相关性系数较低，都低于 0.2。

各阶段的适龄学生数，与人均 GDP、人均 GNI 则存在显著的负相关性，最小的负相关性系数为大学教育适龄人口数与人均 GNI 的，为 –0.073。

各阶段的生师比，与人均 GDP、人均 GNI 存在显著的正相关性，相关性系数偏低。各阶段生师比与人均 GDP 的相关性系数，对应比与人均 GNI 的相关性系数低。

教育中"人"指标与智力城镇化道路中"经济发达和产业附加值高"指标相关性表　表 31

分类	具体指标	人均 GDP	人均 GNI（PPP）
毛入学率	学前教育毛入学率（%）	0.343	0.173
	小学教育毛入学率（%）	0.222	0.130
	中学教育毛入学率（%）	0.378	–0.120
	大学教育毛入学率（%）	0.172	0.092
国际留学生数	国际留学生总入境数（人）	0.162	0.112
	国际留学生总出境数（人）	0.174	0.114
适龄学生数	学前教育适龄人口数（人）	–0.042	–0.039
	小学教育适龄人口数（人）	–0.054	–0.053
	中学教育适龄人口数（人）	–0.065	–0.063
	大学教育适龄人口数（人）	–0.069	–0.073
生师比	学前教育生师比（人数为基础）	0.177	0.122
	小学教育生师比（人数为基础）	0.180	0.126
	中学教育生师比（人数为基础）	0.178	0.127
	大学教育生师比（人数为基础）	0.171	0.119

7.2.2　教育中"财"指标与"经济发达和产业附加值高"指标

两两相关比较结果说明，各项教育支出指标与人均 GDP、人均 GNI 成负相关（表 32）。也就是说在智力城镇化道路中，会出现社会个人财富随着教育支出比例的增加而减少，或者社会个人财富随着教育支出比例的减小而增大的现象。

教育中"财"指标与智力城镇化道路中经济发达指标相关性表　表 32

分类	具体指标	人均 GDP	人均 GNI（PPP）
教育支出	政府在教育机构支出占国内生产总值比例（%）	–0.042	–0.050
	政府教育支出占国内生产总值比例（%）	–0.041	–0.048
	教育支出占所有政府支出的比例（%）	–0.045	–0.052

7.2.3 教育中"体制"指标与"经济发达和产业附加值高"指标

两两相关比较结果说明（表33），教育理论持续时间与人均GDP、人均GNI显著正相关，相关性系数最大为0.162。其中，学前教育理论持续的时间分别与人均GDP、人均GNI的相关性系数，在各阶段相关性中最大，分别为0.162和0.108。理论教育时间的学历越高，其对应的人均GDP、人均GNI的相关性越低。

教育中"体制"指标与智力城镇化道路中"经济发达和产业附加值高"指标相关性表　　表33

分类	具体指标	人均GDP	人均GNI（PPP）
持续时间	学前教育理论持续时间（年）	0.162	0.108
	小学教育理论持续时间（年）	0.153	0.100
	初中教育理论持续时间（年）	0.146	0.094
	高中教育理论持续时间（年）	0.140	0.089
	大学教育理论持续时间（年）	0.134	0.084

7.3 教育发展水平与"智力水平高"之间的相关性

7.3.1 教育中"人"指标与"智力水平高"指标

根据这20个智力城镇化国家发展数据，在城镇化稳定发展时期，教育发展水平中毛入学率、国际留学生数、适龄学生数和生师比，分别与百万人科研人员数量的

教育"人"指标与智力城镇化道路中"智力水平高"指标相关性表　　表34

分类	具体指标	百万人科研人员数量	百万人中、高等教育人口入学数量
毛入学率	学前教育毛入学率（%）	-0.398	无
	小学教育毛入学率（%）	-0.344	无
	中学教育毛入学率（%）	-0.179	0.766
	大学教育毛入学率（%）	-0.114	0.119
国际留学生数	国际留学生总入境数（人）	-0.113	无
	国际留学生总出境数（人）	-0.142	无
适龄学生数	学前教育适龄人口数（人）	-0.080	-0.109
	小学教育适龄人口数（人）	-0.100	-0.131
	中学教育适龄人口数（人）	-0.127	-0.156
	大学教育适龄人口数（人）	-0.147	-0.180
生师比	学前教育生师比（人数为基础）	-0.134	无
	小学教育生师比（人数为基础）	-0.120	无
	中学教育生师比（人数为基础）	-0.109	无
	大学教育生师比（人数为基础）	-0.098	无

相关性基本皆为负相关（表34）。其中，中学教育毛入学率和大学教育毛入学率直接跟百万人中、高等教育人口入学数量正相关，而且中学教育毛入学率与百万人中、高等教育人口入学数量的相关性更高。适龄学生数的4个主要指标，与百万人中、高等教育人口入学数量为负相关。

7.3.2 教育中"财"指标与"智力水平高"指标

两两相关性分析显示，教育支出的3个指标分别与"百万人科研人员数量""百万人中、高等教育人口入学数量"存在显著的负相关性，相关性系数基本在 –0.2到 –0.15 之间（表35）。

教育"财"指标与智力城镇化道路中"智力水平高"指标相关性表　　表35

分类	具体指标	百万人科研人员数量	百万人中、高等教育人口入学数量
教育支出	政府在教育机构支出占国内生产总值比例（%）	–0.156	–0.183
	政府教育支出占国内生产总值比例（%）	–0.151	–0.180
	教育支出占所有政府支出的比例（%）	–0.147	–0.176

7.3.3 教育中"体制"指标与"智力水平高"指标

两两相关性分析显示，教育理论持续时间的5个指标与"百万人中、高等教育人口入学数量"之间没有显著相关性，而与"百万人科研人员数量"之间存在负相关性，相关系数范围为 –0.077— –0.092（表36）。

教育中"体制"指标与智力城镇化道路中"智力水平高"指标相关性表　　表36

分类	具体指标	百万人科研人员数量	百万人中、高等教育人口入学数量
教育理论持续时间	学前教育理论持续时间（年）	–0.092	无
	小学教育理论持续时间（年）	–0.088	无
	初中教育理论持续时间（年）	–0.084	无
	高中教育理论持续时间（年）	–0.080	无
	大学教育理论持续时间（年）	–0.077	无

7.4 教育发展水平与"高科技转化能力"之间的相关性

7.4.1 教育中"人"指标与"高科技转化能力"指标

两两相关性分析显示，众多教育发展中关于"人"的指标，多与"出口制造业中的高新技术出口额"没有显著相关性（表37）。其中仅有显著相关性的5个指标中，中学教育毛入学率与其相关系数是 –0.028，国际留学生总出境数，以及学前、小学、中学教育生师比（人数为基础）与其显著正相关。

众多教育发展中关于"人"的指标与专利数量则存在显著相关性，除了学前教育毛入学率、中学教育毛入学率、大学教育毛入学率、大学教育生师比（人数为基础）与专利数量存在显著负相关性，小学教育毛入学率与专利数量无显著相关性，其他都呈显著正相关性。

教育"人"相关指标与智力城镇化道路中"科技转化力高"指标相关性表　　表37

分类	指标	出口制造业中的高新技术出口额	专利数量
毛入学率	学前教育毛入学率（%）	无	–0.128
	小学教育毛入学率（%）	无	无
	中学教育毛入学率（%）	–0.028	–0.175
	大学教育毛入学率（%）	无	–0.294
国际留学生数	国际留学生总入境数（人）	无	0.230
	国际留学生总出境数（人）	0.076	0.563
适龄学生数	学前教育适龄人口数（人）	无	0.687
	小学教育适龄人口数（人）	无	0.778
	中学教育适龄人口数（人）	无	0.634
	大学教育适龄人口数（人）	无	0.745
生师比	学前教育生师比（人数为基础）	0.074	0.185
	小学教育生师比（人数为基础）	0.066	0.229
	中学教育生师比（人数为基础）	0.061	0.177
	大学教育生师比（人数为基础）	无	–0.362

7.4.2　教育中"财"指标与"高科技转化能力"指标

两两相关性分析显示，教育支出各项指标与"出口制造业中的高新技术出口额"之间没有显著的相关性；与"专利数量"存在显著的负相关性，相关系数范围为 –0.354— –0.508（表38）。教育支出比例越高，专利数量越低。

教育中"财"相关指标与智力城镇化道路中"科技转化力高"指标相关性表　　表38

分类	指标	出口制造业中的高新技术出口额	专利数量
教育支出	政府在教育机构支出占国内生产总值比例（%）	无	–0.508
	政府教育支出占国内生产总值比例（%）	无	–0.277
	教育支出占所有政府支出的比例（%）	无	–0.354

7.4.3 教育中"体制"指标与"高科技转化能力"指标

两两相关性分析显示，教育理论持续时间的各项指标，与"出口制造业中的高新技术出口额""专利数量"之间没有显著的相关性（表39）。

教育中"体制"指标与智力城镇化道路中"科技转化力高"指标相关性表　表39

分类	指标	出口制造业中的高新技术出口额	专利数量
教育理论持续时间	学前教育理论持续时间（年）	0.042	无
	小学教育理论持续时间（年）	无	无
	初中教育理论持续时间（年）	无	无
	高中教育理论持续时间（年）	无	无
	中学教育理论持续时间（年）	无	无

小结

本章研究目的，是针对处于稳定城镇化阶段的智力城镇化道路的国家或地区，分析学前教育到大学教育发展指标与智力城镇化表征指标的相关性，以期客观呈现教育各层级发展指标与智力城镇化发展道路之间的初步数理特征。

基于世界银行和联合国教科文组织获取的原始数据，筛选20个智力城镇化国家或地区，获取1970—2013年数据进行教育发展水平指标与智力城镇化发展水平指标之间的相关性分析。根据智力城镇化指标其"三高"特征，选取了7个代表性指标进行研究。对教育发展水平指标的选取主要围绕"人"（学生和教师）、"财"（资金），以及教育体制（学制等）选取了22个指标；两类指标分别进行7×22次指标与指标的相关性分析。

研究结果表明，教育发展水平与"经济发达和产业附加值高"的相关性方面，智力城镇化国家人均GDP、人均GNI与教育"人"的发展水平具有显著相关性，但是相关性都偏低。各项教育支出指标与人均GDP、人均GNI成负相关。教育理论持续时间与人均GDP、人均GNI显著正相关，且学历越高的理论教育时间，其与人均GDP、人均GNI的相关性越低。

在教育发展水平与"智力水平高"之间的相关性方面，教育理论持续时间的5个指标与"百万人中、高等教育人口入学数量"之间没有显著相关性，其他指标都与"百万人科研人员数量"存在显著负相关性。

教育发展水平与"高科技转化能力"之间的相关性方面，众多教育发展中关于"人、财、体制"的指标，多与"出口制造业中的高新技术出口额""专利数量"没有显著相关性。唯有教育支出各项指标与"专利数量"存在显著的负相关性。

第八章

当今主要智力城镇化道路国家或地区的中高等教育发展水平

8.1 主要教育发展指标的分布范围与特征

本章研究的目的是为了更直观地分析智力城镇化国家或地区在稳定城镇化阶段的教育发展水平，为中国及其他城镇化还处于快速发展时期的国家提供经验借鉴。其中，关于数量的指标跟自身的面积和人口直接相关，具有借鉴价值的是比例（如百分比）等；当今在信息革命和生命时代，走上智力城镇化道路的国家和地区的发展，需要大量中等教育和高等教育人才。所以本小结研究关于教育中"人的指标"在上一章相关性指标选择的基础上，去掉了与"人数、总数"和"学前教育、初级教育"相关的指标。主要以中学教育毛入学率（%）、大学教育毛入学率（%）、中学教育生师比（人数为基础）（%）、大学教育生师比（人数为基础）（%）、中学教育理论持续时间（年）、初中教育理论持续时间（年）、高中教育理论持续时间（年），政府教育支出占国内生产总值比例（%）8个指标作为衡量智力城镇化国家或地区教育发展水平的指标进行研究（表40）。

8.1.1 "人"的指标

（1）毛入学率的分布范围与特征

1）大学教育毛入学率

总体来看，智力城镇化道路的国家或地区，其大学教育毛入学率随着城镇化率的增加在不断增长，目前基本维持在60%以上（图58）。大学教育毛入学率最高的是在2011年，城镇化率为80.94%时的美国，大学教育毛入学率为96.32%，基本实现高等教育大众化。按照城镇化率65%—75%、75%—85%、85%以上三个阶

各研究指标的统计描述表　　　　表40

分类	指标名称	样本数	范围	最小值	最大值	均值
人的指标	中学教育毛入学率（%）	421	126.9	35.7	162.6	100.2
	大学教育毛入学率（%）	412	89.5	6.8	96.3	46.9
	中学教育生师比（人数为基础）	396	23.3	6.9	30.3	13.9
	大学教育生师比（人数为基础）	411	22.3	5.4	27.7	14.2
财的指标	政府教育支出占国内生产总值比例（%）	254	17.9	8.4	26.4	13.6
体制的指标	中学教育理论持续时间（年）	900	5	4	9	6.5
	初中教育理论持续时间（年）	899	4	2	6	3.3
	高中教育理论持续时间（年）	899	3	2	5	3.2
其他指标	年份	900	44	1970	2014	1992.0
	城镇化率（%）	880	42.9	57.1	100	80.7

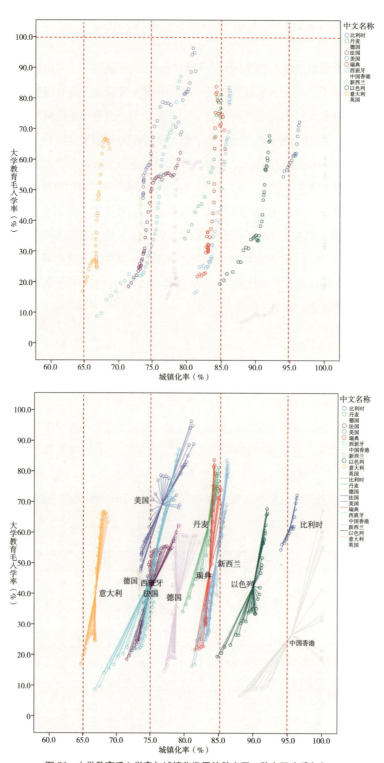

图 58　大学教育毛入学率与城镇化发展的散点图、散点图（质心）

段，可借鉴的国家和地区分别可以分为意大利、德国、法国、西班牙，法国、西班牙、美国、德国、瑞典、丹麦，以及以色列、比利时、中国香港。各国家和地区在这些城镇化阶段的差异性较大，随城镇化率变化没有统一规律。

经过统计分析，每增加一个百分点的城镇化率，德国、瑞典、新西兰、意大利和英国大学教育毛入学率的百分点平均分别增加17.0、15.7、13.7、23.8个百分点，比利时、丹麦、法国、美国、西班牙、以色列大学教育毛入学率的百分点则是分别平均增加7.7、9.1、5.7、6.7、6.4、6.7个百分点。而从逐年统计来看，所分析的主要智力城镇化国家和地区逐年增加的大学教育毛入学率平均在1.0—1.5左右，德国逐年平均增加的大学教育毛入学率的百分点平均为3.9（图59）。

中国香港城镇化率85%以后，按照大学教育毛入学率分为达到100%城镇化率前后的两个阶段，可以发现大学教育毛入学率年际变化比其他国家明显偏小（图59）。1993年香港城镇化率达到100%，此后大学教育毛入学率每年以增加2.35个百分点的速度增加，而在之前则以0.5个百分点的年增长率增加。在1960—1992年间，香港城镇化率每增加一个百分点，大学教育毛入学率增加约1个百分点。

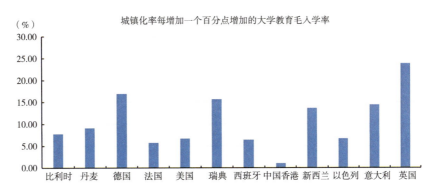

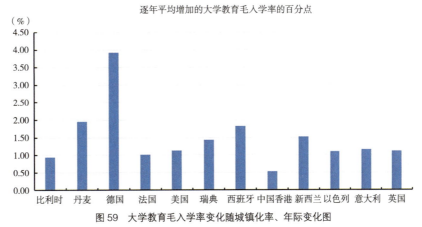

图59 大学教育毛入学率变化随城镇化率、年际变化图

2）中学毛入学率

总体来看，智力城镇化道路的国家或地区，从 1970 年到 2013 年之间，从已有数据显示，其中学教育毛入学率随着城镇化率的增加在不断震荡变化，目前基本都维持在 100% 以上，仅美国、中国香港和瑞士略低于 100%（图 60）。中学教育毛入学率最高的是在 2000 年的澳大利亚，达到 162.6%，此时它的城镇化率为 87.16%；最低是在 1971 年的中国香港，为 35.7%，此时它的城镇化率为 88.04%。按照城镇化率 65%—75%、75%—85%、85% 以上三个阶段，可借鉴的国家或地区分别可以分为瑞士、荷兰、挪威、德国、西班牙为主，美国、英国、加拿大、芬兰、德国、西班牙、挪威为主，澳大利亚和中国香港为主。整体来看，各智力城镇化道路国家在城镇化率后期，其中学教育毛入学率主要集中在 90%—120%（图 61）。

因为是随着城镇化率震荡变化增加的（1970—2013 年）[1]，经过统计分析，平均每增加一个百分点的城镇化率，中学教育毛入学率的变化差异性较大。平均每增加一个百分点的城镇化率，澳大利亚和英国中学教育毛入学率平均增加分别 14.6 和 10.7 个百分点；西班牙、法国次之，中学教育毛入学率平均增加分别为 6.0、4.8 个百分点；加拿大、芬兰、德国、美国、荷兰、挪威中学教育毛入学率平均增加 2.0 个百分点左右。而从逐年统计来看，所分析的主要智力城镇化国家和地区，平均每年增加的中学教育毛入学率最高的是中国香港，达到每年平均增加 2.4 个百分点；最低是瑞士，每年平均仅增加 0.3 个百分点。中学教育毛入学率平均每年增加 0.5 个百分点及以下的国家有加拿大、德国、美国、瑞士；增加 0.5—1.0 个百分点的国家有芬兰、法国、挪威；增加 1.0—1.5 个百分点的国家有澳大利亚、荷兰、英国；增加 1.5—2.5 百分点的国家和地区有西班牙和中国香港（图 62）。

（2）教育生师比的分布范围与特征

1）大学生师比（人数为基础）

总体来看，智力城镇化道路的国家或地区，从 1970 年到 2013 年之间，从已有数据显示，其大学教育生师比随着城镇化率的变化或增加或减少，各国数据差异较大（图 63）。大学教育毛入学率最高的是在 1993 年的意大利，达到 27.7，此时它的城镇化率为 66.8%；最低是在 1975 年的以色列，为 5.4，此时它的城镇化率为 86.6%。按照城镇化率 65%—75%、75%—85%、85% 以上三个阶段，可借鉴的国家或地区分别可以分瑞士、德国、挪威、意大利、西班牙为主，美国、英国、芬兰、法国、西班牙、荷兰、日本为主，以及新西兰、澳大利亚、中国香港、比利时、新加坡、

---

[1] 中国香港的数据分析到 1988 年，因为城镇化率在 1993 年达到 100%。

第八章 当今主要智力城镇化道路国家或地区的中高等教育发展水平

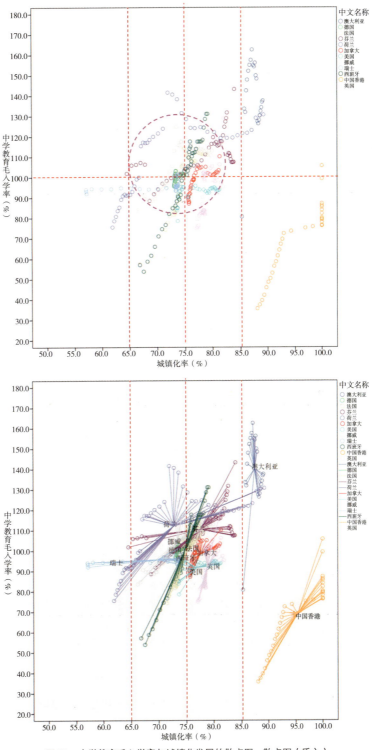

图 60 中学教育毛入学率与城镇化发展的散点图、散点图（质心）

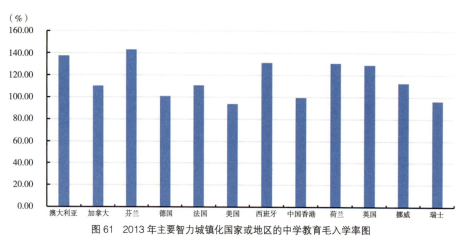

图 61　2013 年主要智力城镇化国家或地区的中学教育毛入学率图

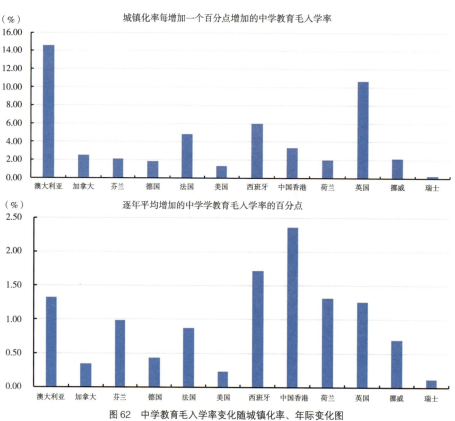

图 62　中学教育毛入学率变化随城镇化率、年际变化图

以色列为主。整体来看，各智力城镇化道路国家在城镇化率后期，其大学教育毛生师比主要集中在 10—20 之间。到 2013 年，根据已有数据显示，德国、日本、瑞士的大学教育生师比大于 5、低于 10，法国和意大利的大学教育生师比大于 20，分别为 21.3 和 27.5（图 64）。

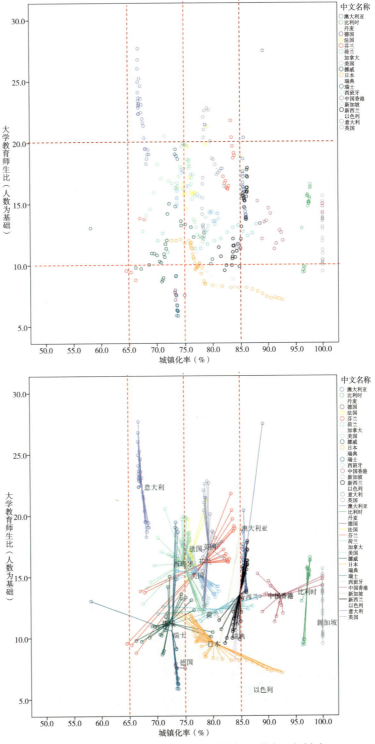

图63 大学教育生师比与城镇化发展的散点图、散点图（质心）

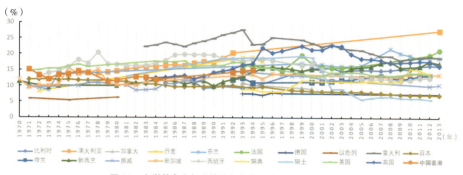

图64　大学教育生师比的逐年变化图（1970—2013年）

首先分析大学教育生师比随着城镇化率的变化，大概可以分为减少和增加两类。第一类以加拿大、德国、意大利、日本、西班牙、瑞士、美国、中国香港为代表，平均每增加一个百分点的城镇化率，大学教育生师比随之减少。这种类型主要是因为大学生的增长速度低于大学老师的增长速度（比例）。其中，平均每增加一个百分点的城镇化率，意大利减少最快，大学教育生师比约减少1.83；次之为意大利和瑞士，分别为0.85和0.46；其他国家和地区都平均减少0.1左右。第二类以澳大利亚、比利时、丹麦、芬兰、法国、以色列、荷兰、新西兰、挪威、新加坡、瑞典和英国为代表，平均每增加一个百分点的城镇化率，大学教育生师比随之增加。这种类型主要是因为大学生的增长速度超过了大学老师的增长速度（比例）。其中，平均每增加一个百分点的城镇化率，澳大利亚增加最快，大学教育生师比约增加4.16；最慢是挪威，大学教育生师比约增加0.05。

而从逐年统计来看，所分析的主要智力城镇化国家和地区，基本分为减少和增加两类，并且与随城镇化率的变化整体变化上相呼应（图65）。第一类为逐年平均减少大学教育生师比的国家或地区，包括加拿大、意大利、日本、瑞士、美国、中国香港，逐年减少值在0.3以内。其他均为第二类，为逐年平均增加大学教育生师比的国家。逐年平均大学教育生师比减少值最大的国家是丹麦，为0.41；逐年平均大学教育生师比减少值最小的国家是德国，为0.002。

2）中学生师比（人数为基础）

总体来看，智力城镇化道路的国家或地区，从1970年到2013年之间，从已有数据显示，其中学生师比随着城镇化率的增加大多呈整体减少的趋势，说明主要代表性国家的教师队伍相对建设在增加（加拿大和英国例外，图66）。所研究代表国家的数据表明，在2012年左右，其中学生师比大多在10—15之间[①]。中学教育生

---

① 加拿大最新的中学生师比数据，也是最高的中学生教育生师比数据是1996年的18.80，缺乏2012年左右的数据，所以加拿大没有落点在10—15之间的数据。

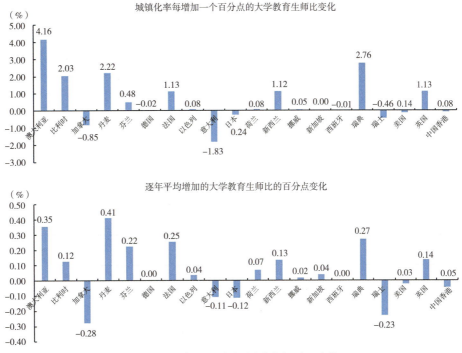

图 65 大学教育生师比变化随城镇化率、年际变化图

师比最高的是在 1977 年的中国香港,达到 30.3,此时它的城镇化率为 90.4%;最低是在 1992 年的中国香港,为 6.9,此时它的城镇化率为 96.5%。

按照城镇化率 65%—75%、75%—85%、85% 以上三个阶段,分析中学教育生师比的范围。在城镇化率 65%—75% 之间,主要以荷兰、意大利、德国为代表,中学教育生师比主要范围覆盖在 10—25 之间;城镇化率在 75%—85% 之间,主要以英国、西班牙、加拿大、美国、瑞典、芬兰等为代表,中学教育生师比主要范围覆盖在 10—20 之间,围绕 15 的点在波动;城镇化率超过 85% 的差异性较大,一种为较高的中学教育生师比,以 20 以上为主,代表为中国香港和新加坡,另一种为较低的中学教育生师比,约在 10 左右。

首先分析中学教育生师比随着城镇化率的变化,大概可以分为三类。第一类以比利时、芬兰、法国、以色列、意大利、日本、荷兰、挪威、瑞典、瑞士为代表,平均每增加一个百分点的城镇化率,中学教育生师比平均减少 0.0—0.5,可谓缓慢变化国家。第二类以德国、新西兰、西班牙和美国为代表,平均每增加一个百分点的城镇化率,中学教育生师比平均分别减少 1.55、2.08 和 0.86,可谓较快变化国家。第三类以加拿大、英国和中国香港为代表,平均每增加一个百分点的城镇化率,中

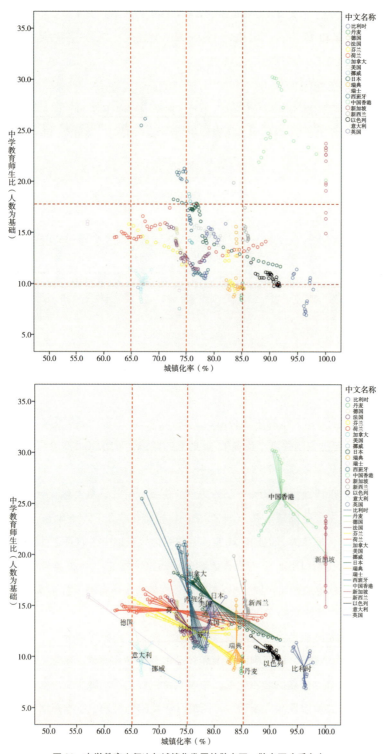

图66 中学教育生师比与城镇化发展的散点图、散点图（质心）

学教育生师比分别增加 0.35、0.94 和 0.08。其中，加拿大、中国香港的统计数据分别截至 1996 年和 1988 年（城镇化率为 100% 之前），中国香港的中学教育生师比在 1996 年为 20.1，有下降的趋势。

而从逐年统计来看（图 67），所分析的主要智力城镇化国家和地区，基本分为四类，并且与随城镇化率的变化整体上变化相呼应（图 68）。第一类为逐年平均减少中学教育生师比在 0.10 以内的国家，包括比利时、芬兰、法国、以色列、意大利、

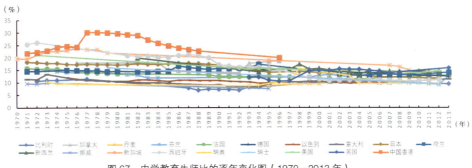

图 67 中学教育生师比的逐年变化图（1970—2013 年）

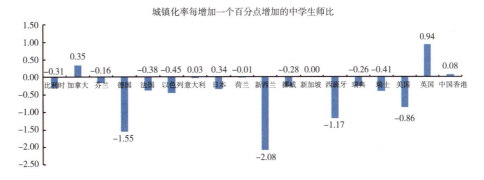

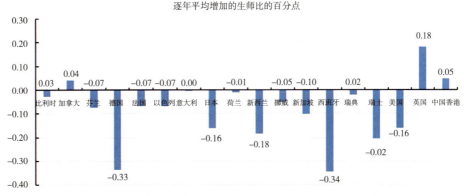

图 68 中学教育生师比变化随城镇化率、年际变化图（1970—2012 年）

荷兰、挪威、瑞典；第二类是平均逐年减少中学教育生师比在 0.10—0.2 的国家，包括日本、新西兰、瑞士、美国；第三类是平均逐年减少中学教育生师比在 0.3—0.35 之间的国家，分别是德国和西班牙；第四类是平均逐年增加中学教育生师比的国家和地区，包括加拿大、英国和中国香港，平均逐年增加中学教育生师比分别是 0.04、0.18 和 0.05（图 69）。

8.1.2 "财"的指标

（1）政府教育支出占国内生产总值比例范围

根据可分析数据总体来看，智力城镇化道路的国家或地区，从 1970 年到 2013 年之间，其政府教育支出占国内生产总值比例大部分随着城镇化率的增加而增长（图 70）。所分析国家或地区国内生产总值在这期间多是不断增加的，说明主要代表性国家或地区虽然多在稳定城镇化率阶段，但一直在持续加大教育的投入。其中澳大利亚、加拿大、以色列、荷兰政府教育支出占国内生产总值比例在 1970—2013 年整体上减少（图 71），其他 16 个国家或地区的政府教育支出占国内生产总值比例整体趋势在增加（图 72）。

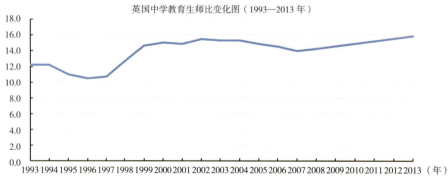

图 69　加拿大、英国中学教育生师比的逐年变化图

第八章 当今主要智力城镇化道路国家或地区的中高等教育发展水平

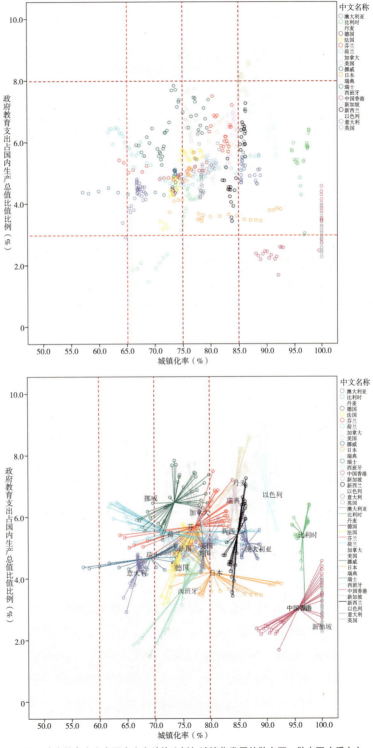

图 70 政府教育支出占国内生产总值比例与城镇化发展的散点图、散点图（质心）

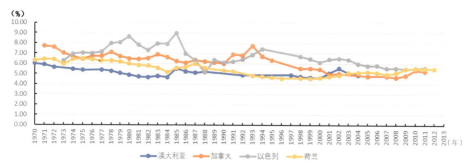

图 71 澳大利亚、加拿大、以色列、荷兰政府教育支出占国内生产总值比例的逐年变化图（1970-2013年）

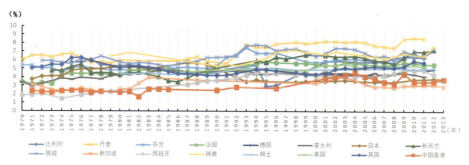

图 72 16个国家或地区政府教育支出占国内生产总值比例的逐年变化图（1970—2013年）

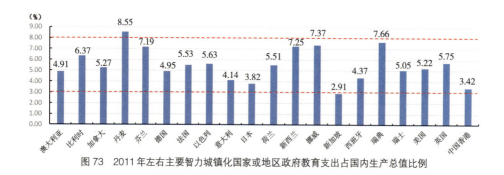

图 73 2011年左右主要智力城镇化国家或地区政府教育支出占国内生产总值比例

研究数据表明，在2011年左右，所研究智力城镇化国家或地区的政府教育支出占国内生产总值比例主要集中在3%—8%之间（图73）。政府教育支出占国内生产总值比例最高的是在1985年的以色列，达到8.98%，此时它的城镇化率为89.8%；最低是在1974年的西班牙，为1.46%，此时它的城镇化率为68.9%。

按照城镇化率65%—75%、75%—85%、85%以上三个阶段，分析政府教育支出占国内生产总值比例范围。首先，各国政府教育支出占国内生产总值比例在各国有自己的发展规律。在城镇化率65%—75%之间，主要以荷兰、瑞士、挪威、芬兰为代表,政府教育支出占国内生产总值比例主要范围覆盖在2%—6.5%之间;城镇化率在75%—85%之间,主要以西班牙、德国、法国、美国、芬兰、加拿大、挪威等为代表,政府教育支出占国内生产总值比例主要范围分布在3%—8%之间;城镇化率超过85%,主要以丹麦、瑞典、以色列、新西兰、日本、澳大利亚、比利时为代表,政府教育支出占国内生产总值比例主要范围分布在2%—8%。其中,中国香港、新加坡政府教育支出占国内生产总值比例相对偏小,但是经济比较发达,中、高等教育发展基础好,可以推测私人投资教育的费用应不少。

(2)政府教育支出占国内生产总值比例变化

首先分析政府教育支出占国内生产总值比例随着城镇化率的变化,大概可以分为减少和增加两类(图74)。第一类以澳大利亚、加拿大、以色列、荷兰为代表,平均每增加一个百分点的城镇化率,政府教育支出占国内生产总值比例分别随之减少0.38、0.49、0.11和0.03个百分点。在2012年左右,这四国的政府教育支出占国内生产总值比例主要集中在5%—6%的区间。第二类以其他16个国家或地区为代表,平均每增加一个百分点的城镇化率,政府教育支出占国内生产总值比例随之增加。丹麦、德国、法国、新西兰、瑞典5国除外的11个国家或地区平均每增加一

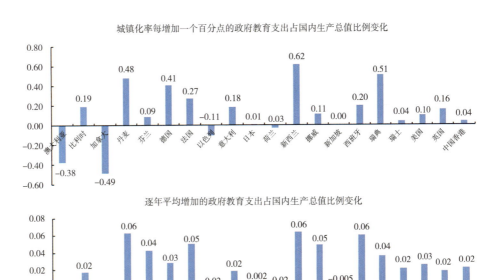

图74 政府教育支出占国内生产总值比例随城镇化率、年际变化图(1970—2012年)

个百分点的城镇化率，大多增加 0—0.2 个百分点。新西兰增加最快，政府教育支出占国内生产总值比例约增加 0.62 个百分点；最慢的是日本，政府教育支出占国内生产总值比例约增加 0.01 个百分点（图 74）。

而从逐年统计来看，所分析的主要智力城镇化国家和地区，政府教育支出占国内生产总值比例的变化也基本分为减少和增加两类，并且与随城镇化率的变化整体变化上相呼应。第一类为逐年平均减少政府教育支出占国内生产总值比例的国家或地区，以澳大利亚、加拿大、以色列、荷兰、新加坡为代表，逐年减少值分别为 0.03、0.06、0.02、0.02、0.005 个百分点。其他均为第二类，为逐年平均增加政府教育支出占国内生产总值比例的国家。逐年政府教育支出占国内生产总值比例增加值最大的国家是丹麦、西班牙和新西兰，平均逐年增加 0.6 个百分点；政府教育支出占国内生产总值比例增加值最小的国家是日本，平均逐年增加 0.002 个百分点（图 74）。

8.1.3 "体制"的指标

（1）中学教育理论持续时间

据可获取数据分析，主要智力城镇化国家或地区的中学教育理论持续时间，主要为 6 年和 7 年学制，多分为初级和高级中学两个阶段（图 75）。其中，德国的中学教育理论时间最长，达到 9 年；意大利次之，为 8 年。整体来看，中学教育理论时间总体保持不变或者减少。其中，中学教育理论持续时间变化的有三个国家或地区，分别为：1996 年，西班牙中学教育理论持续时间从 7 年调整为 6 年；2012 年，中国香港中学教育理论持续时间从 7 年调整为 6 年；1998 年，新加坡中学教育理论持续时间从 6 年调整为 4 年。

（2）初中教育理论持续时间

对智力城镇化国家或地区而言，初中教育理论持续时间目前以 2 年、3 年和 4 年为主（图 76）。其中，德国的初中教育理论时间最长，达到 6 年；澳大利亚、法国、新西兰、瑞典次之，为 4 年。整体来看，除了澳大利亚将初中教育理论时间从 3 年调整为 4 年，其他国家或地区的初中教育理论时间总体保持不变或者减少。

（3）高中教育理论持续时间

对智力城镇化国家或地区而言，高中教育理论持续时间目前以 2 年、3 年和 4 年为主（图 77）。其中，意大利的高中教育理论时间最长，达到 5 年；比利时、加拿大、中国香港、瑞典次之，为 4 年。整体来看，加拿大、中国香港、比利时最终将高中教育理论年限均提高为 4 年，西班牙、澳大利亚最终将高中教育理论年限降低为 2 年，其他国家都保持不变。

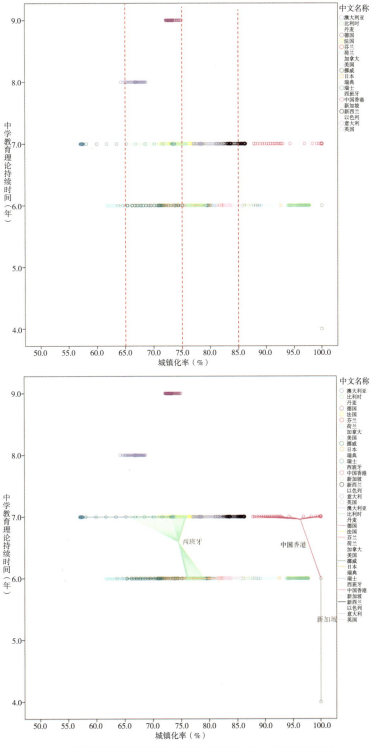

图 75 中学教育理论持续时间与城镇化发展的散点图、散点图（质心）

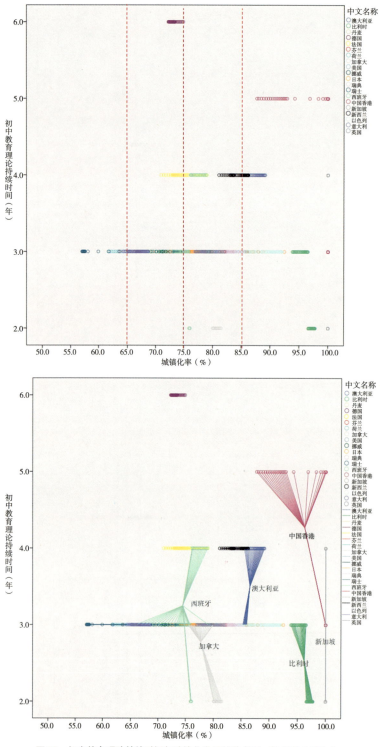

图 76 初中教育理论持续时间与城镇化发展的散点图、散点图（质心）

第八章 当今主要智力城镇化道路国家或地区的中高等教育发展水平

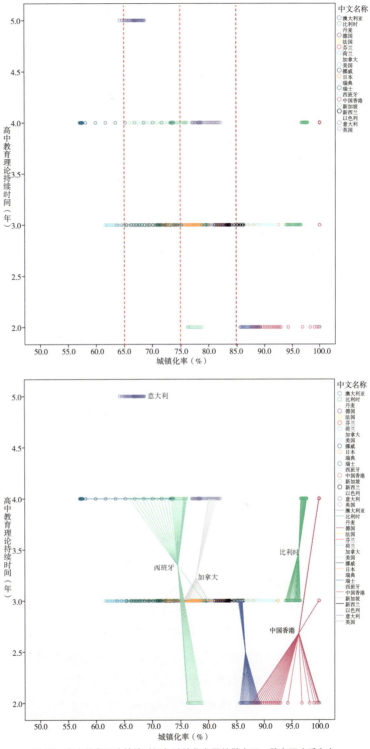

图77 高中教育理论持续时间与城镇化发展的散点图、散点图（质心）

（4）中学教育理论持续时间的变化

整体来说，智力城镇化国家大多在1970年后的稳定城镇化率后阶段，多保持着中学教育理论持续时间的稳定性，有6个国家或地区时间有减少（图78）。有调整的这6个国家或地区中，澳大利亚和西班牙，增加了初中教育理论年限，降低了高中教育理论年限；比利时、加拿大和中国香港则相反；新加坡则是仅仅减少了初中教育理论年限。如果从中学教育理论持续时间是否变化来分类，澳大利亚、比利时、加拿大的中学教育理论持续时间不变，西班牙、中国香港、新加坡的时间则是减少。各国具体调整年限情况如下：

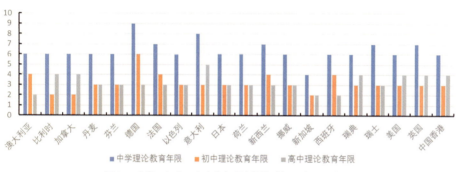

图78 中学、初中、高中教育理论持续时间图（2013年）

1992年，澳大利亚初中教育理论持续时间从3年调整为4年，高中教育理论持续时间从3年调整为2年。1993年，比利时初中教育理论持续时间从3年调整为2年，高中教育理论持续时间从3年调整为4年。2004年，加拿大初中教育理论持续时间从3年调整为2年，高中教育理论持续时间从3年调整为4年。

1998年，西班牙初中学教育理论持续时间从3年调整为2年，1999年调整为4年，2013年改为3年，2014年又回到4年；1999年，西班牙高中教育理论持续时间从4年调整为2年，2013年改为3年，2014年又回到2年；从1996年起，西班牙中学教育理论可持续时间由7年减少为6年。1998年，中国香港初中教育理论持续时间从5年调整为3年，而高中教育理论持续时间从2年调整为4年，2013年改为3年；从2012年起，中国香港中学教育理论持续时间由7年减少为6年。1998年，新加坡初中教育理论持续时间从4年调整为2年，高中教育理论时间不变；从1998年起，新加坡中学教育理论可持续时间由6年减少为4年。

8.2 主要智力城镇化国家或地区的劳动力中教育水平差异

从 2010、2011、2012、2014 年版本的《国际统计年鉴》,整理主要智力城镇化国家或地区在经济活动中的不同教育水平的劳动力构成,期望为中国走向智力城镇化道路提供一些经验借鉴。其中,这几本统计年鉴中,日本 2006—2012 年初等教育劳动力比重数据明显将中等教育劳动力数据一起统计在内,所以剔除日本这段时间的劳动力中初等教育、中等教育劳动人口数据进行以下研究。

整体来看,所分析的 12 个智力城镇化国家或地区的劳动力构成中,中等教育和高等教育的劳动力人口占据主导地位(图 79)。除意大利之外(占比 64.6%),2008 年其他各国中、高等教育劳动力比例均高于 67%。

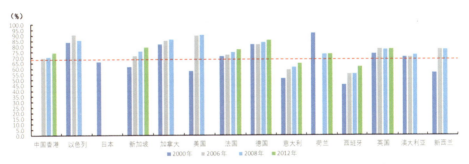

图 79　主要智力城镇化国家劳动力的中、高等教育水平所占比例图(2000—2012 年)

8.2.1 高等教育劳动力构成变化

选取 14 个可获取数据的智力城镇化道路国家或地区,可以发现 2008 年以色列、日本、加拿大、美国、法国、荷兰、西班牙、英国、澳大利亚、新西兰 10 国中,高等教育水平劳动力构成超过了 30%(图 80)。最高的是美国,2008 年的高等教育水平劳动力比例达到 61.1%;最低的是意大利,2008 年高等教育水平劳动力比例仅为

图 80　主要智力城镇化国家劳动力的高等教育水平所占比例图(2000—2012 年)

16.6%，2012年为17.9%；中国香港、新加坡、德国2008年的高等教育劳动力比例都超过了25%，但低于30%。

从2000—2012年主要智力城镇化国家的高等教育劳动力构成变化图可以看出（图81），以色列高等教育劳动力所占比例变化较大，2006、2007年达到比例高峰，略高于80%。美国高等教育劳动力比例从2001年的34.8%，快速增长到2008年的61.1%。其他国家主要是缓慢稳定增长。

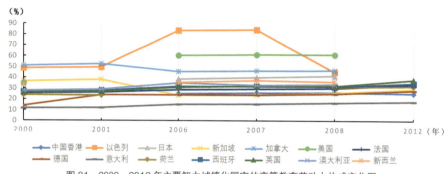

图81　2000—2012年主要智力城镇化国家的高等教育劳动力构成变化图

8.2.2　中等教育劳动力构成变化

统计数据表明（图82），智力城镇化国家或地区普遍中等教育劳动力所占比例较大，除美国、西班牙、日本外，其值均大于40%。以2008年分析，中等教育劳动力所占比例最高的是德国，为58.9%；最低的是西班牙，为23.7%；其他各国的值主要分布在40%左右。

从2000—2012年相关数据可以分析出（图83），德国、荷兰、澳大利亚、法国的中等教育劳动力比例整体趋势是缓慢减少，其他国家的中等教育劳动力则是逐渐增加。其中德国的中等教育劳动力比例保持在较高的比例，从2000年的68.5%缓慢减少到2012年的57.8%。

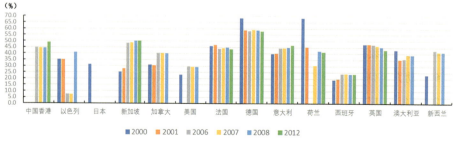

图82　主要智力城镇化国家劳动力的中等教育水平所占比例图（2000—2012年）

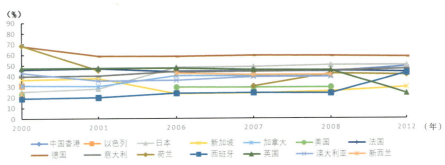

图 83　2000—2012 年主要智力城镇化国家的中等教育劳动力构成变化图

8.2.3　初等教育劳动力构成变化

统计数据表明（图 84），意大利和西班牙初等教育劳动力所占比例较高，均大于 35%。以 2008 年数据分析，初等教育劳动力所占比例在 20%—30% 的国家或地区有中国香港、新加坡、法国、荷兰、澳大利亚，初等教育劳动力所占比例在 10%—20% 的国家有以色列、加拿大、德国和新西兰，初等教育劳动力所占比例小于 10% 的国家是美国。其中以色列在 2006 和 2007 年，初等教育劳动力所占比例仅为 6.4% 和 5.9%。

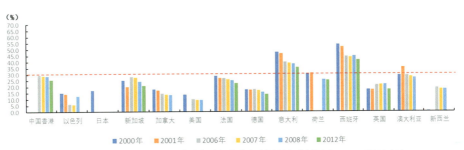

图 84　主要智力城镇化国家劳动力的初等教育水平所占比例图（2000—2012 年）

从 2000—2012 年相关数据可以分析出（图 85），研究的智力城镇化国家或地区中，其初等教育劳动力比例整体趋向缓慢减少。其中，西班牙有相对最高的初等教育劳动力比例，从 2000 年的 53.9% 下降到 2012 年的 41.6%；其次为意大利，从 2000 年的 47.6% 下降到 2012 年的 35.4%（图 86）。通过前面分析，西班牙的高等教育劳动力比例较高，而意大利中等教育劳动力比例较高，分别通过加大高等教育和中等教育的发展来满足经济社会对劳动力智力的需求。

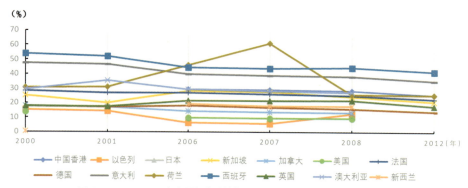

图 85　2000—2012 年主要智力城镇化国家的初等教育劳动力构成变化图

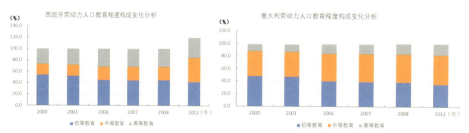

图 86　2000—2012 年西班牙和意大利劳动力教育结构变化图

小结

本章先从范围和速度两个方面，分析研究 1970—2012 年智力城镇化道路国家或地区的教育发展水平的相关数据。研究表明，智力城镇化道路的国家或地区，其大学教育毛入学率随着城镇化率的增加在不断增长，目前基本维持在 60% 以上；中学教育毛入学率随着城镇化的成熟进入了稳定态，基本都维持在 100% 以上，并与城镇化的发展脱离相关性。大学教育生师比在稳定城镇化阶段，数量变化趋势与城镇化的关系不大；中学生师比随着城镇化率的增加大多呈整体减少的趋势。整体来看，随着城镇化的推进，中学教育理论时间总体保持不变或者减少。政府教育支出占国内生产总值比例大部分随着城镇化率的增加而增长。

由于各国具有自己的经济、社会和环境发展特征，各主要智力城镇化国家的发展道路各具特性，劳动人口中教育发展水平的差异性较大。以色列、日本、加拿大、美国、西班牙、英国、澳大利亚、新西兰 8 国的高等教育水平劳动力构成超过了 33%；智力城镇化国家或地区普遍中等教育劳动力所占比例较大，除美国、西班牙、日本外，其值均大于 40%。研究的智力城镇化国家或地区中，其初等教育劳动力比例整体趋向缓慢减少，大部分所占比例小于 33.3%，其中，以色列 2007 年初等教育劳动力比例最低，为 5.9%。西班牙和意大利初等教育劳动力所占比例较高，均大于 35%；分别通过加大高等教育和中等教育的发展来满足经济社会对劳动力智力的需求。这些指标的范围和速度，仅作为智力城镇化国家或地区在当今时代教育发展水平的客观描述，为非智力城镇化国家或地区走向智力城镇化道路过程中制定教育发展政策作为参考。

主要智力城镇化国家的经验可以借鉴，但是不能照搬学习，因为在当今智力城镇化道路国家或地区所面临的时代背景不同。面对信息时代和生物技术时代的发展，教育需要面对世界三大发展趋势：数字化和智能技术的普及推动教育信息化，全球化进程推动教育发展全球化，高等教育发展大众化、终身化[105—107]。非智力城镇化国家或地区，同样面对这些发展趋势，若能顺势而为，适时调整教育的目标、方式和体制等多方面内容，培养适应目前全球城镇化时代的人口，将有利于走向品质城镇化道路（如智力城镇化道路）。

第九章

结论与展望

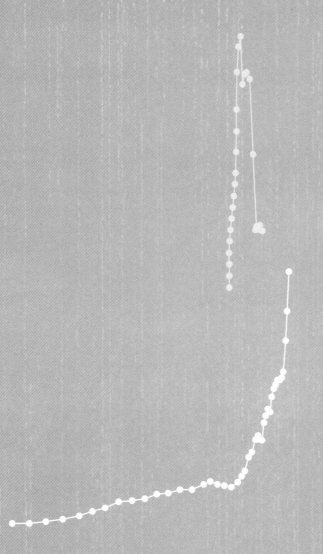

9.1 主要结论

教育目标并不是直接推进城镇化，但是教育发展培养适应不同时代需求的人（尤其是适应城镇生活人口），客观推进了城镇化的进程，并能提升进入城镇人的生活质量。本书从世界城镇化发展规律出发，从产业、创新力方面对两条道路的差异进行了进一步的分析，提出了智力城镇化与体力城镇化概念。研究认为智力城镇化道路具有"三高"的表征，是一条品质城镇化道路。本书以解析智力城镇化道路理论为基础，研究了教育发展与智力城镇化之路的关系。主要的结论如下。

9.1.1 影响智力城镇化道路发展有3类领域要素与5大发展基础

智力城镇化道路的内涵表现出"三高"表征：城镇人的智力水平高（人文素质高）、经济发达及产业附加值高（第三产业发展）、知识创造转化能力高（科技创新能高、高科技企业发展）。智力城镇化道路从本质上来说是一种更依靠以"智力创新"为核心的城镇社会。以"三高"表征为导向，结合影响一般城镇化的因素和智力城镇化国家的实践案例，找出对应的领域要素和指标，得出走向智力城镇化道路的因素是综合性的，涉及3类领域的要素，分别为教育、经济、科技领域。这是因为：首先，城镇人的智力水平高可以通过民众受教育水平体现；其次，经济发达及产业附加值高，可以通过经济发展水平和产业结构水平来衡量；最后，知识创造转化能力，是智力创造能够实现的关键环节，可以通过知识创新水平和高科技企业的发展水平来体现。

此外，体力城镇化还是智力城镇化道路，不是从城镇化一开始就决定的，是在城镇化进程中经济积累和智力积累到一定程度的产物。走上智力城镇化道路，需要有5大发展基础支撑：人的自由流动、社会思潮的牵引、经济腾飞支撑、政治环境稳定、智力创新保障。人的自由流动，为其提供了高质量的劳动力要素；社会思潮的牵引，为其提供了发展方向；经济腾飞支撑，为其提供了经济积累；政治环境稳定，为其保证了长期的稳定发展环境；智力创新保障，则为其激发生产者的智力和科技创造提供必要的保障机制。

9.1.2 教育是促进智力城镇化道路的关键动力

从历史角度来看，世界教育中心转变和世界城镇化地域扩展高度一致，证明教育与城镇化的发展息息相关；人力资本论为基础首先推动了城镇经济，人"质量"的提升外延推动了城镇化进程和提升品质。依据"投入—产出"的思路，从"智力投入—智力产出"构建了教育投入、科研投入双轮驱动推动智力城镇化道路的动力模型,教育投入主要作用于生产力的劳动者,科研投入作用于劳动资料的改进。研究认为教育投入是促进国家和地区走向智力城镇化道路的关键动力。因为教育作用于城镇化中的人,没有人的城镇化就是无源之水,没有创造的源头和目标;没有智力提升的劳动者,就不会出现智力的城镇化。但是若只有教育投入产生高素质的人,没有科技的推动,很难将人力资本转化为社会价值(尤其是经济价值),所以科研投入也是智力城镇化道路的重要动力之一;但是没有高素质人才,尤其是科研创新人才,科技发展将非常缓慢,很难达到经济发达、科技创新能力强的城镇化社会。

9.1.3 不同教育层次助力跨越50%城镇化率的智力城镇化道路阶段推动特征

多数人认为智力城镇化道路主要是跟高等教育水平相关,较少注意到中等、初等教育水平的作用。从本书第三章比较可以发现,1993年以来的智力城镇化与体力城镇化道路高等教育水平之间的差异很大,前者明显优于后者。但是,这是从现代的截面进行分析,并不是说只有高等教育才能促进国家和地区走向智力城镇化道路,只是说明这是两种道路的主要差别之一。智力城镇化道路是经济、环境、人文等都较高的品质城镇化道路,也是一个相对的概念。在不同的经济、政治和科技背景下,智力的发展是相对的,也有动态变化的过程。

"智力城镇化道路"并不是天生的,是经历一个较长的历史时空的演进而成;从经济发达程度和人的教育水平来说,它实际是一种相对一定时空条件下品质较高的城镇化道路。它是一个相对不断动态发展的概念,教育对助力各国跨越50%城镇化率的关系,与当时的政治、经济、科技环境息息相关,在不同的科技革命时代,具有不同的阶段性特征。

在蒸汽机时代,初等教育就可助力走向更好的城镇化发展;在电气化时代,初中等教育可以助力跨越50%城镇化率走向智力城镇化道路;在自动化时代,则需要中、高等教育助力才跨越50%城镇化率,实现城镇化品质的跳跃发展;可以预见,在未来科技快速发展的时代,则需要更高教育水平的城镇人口助力跨越。这种不同教育类型阶段性助力不同时代的智力城镇化国家跨越50%城镇化率关口,根本原因是科技变革下经济社会结构性调整对城镇化的人的智力提出了越来越高的要求,教育或主动或被动地培养、提供适应城镇化发展阶段的人才。所以,要在当今科技发展水平下,促进智力城镇化道路的发展,需要对助力的教育层级提出更高的要求。

这种不同层级的教育助力跨越的阶段性特征，并不否认当时其他的教育层级对智力城镇化道路作用，只是阶段性表征为以特定的教育层级为主助力推动。实际上，每种层级的教育人才都能推动智力城镇化，只是所占效能比例不同。若有相关历史数据，可对此进一步研究。

9.1.4 城镇化发展稳定阶段教育发展与智力城镇化发展指标的相关性低

研究初期，笔者曾经假设推论教育发展水平的各项指标与智力城镇化水平各项指标之间应该至少存在显著的正相关性，但是经过统计分析 20 个智力城镇化国家教育发展水平指标与智力城镇化水平指标在 1970—2013 年的相关性表现，大多表现为三种：显著低值正相关、显著负相关、不相关。这促使笔者去思考产生这种结果的原因，发现应该与城镇化发展的阶段结合起来。因为这个时期，所研究对象多处于城镇化发展的稳定阶段，城镇化率的增长幅度非常小，教育对智力城镇化的直接作用变得有限，人口数量的优势逐渐降低，科研创新、制度红利作用逐渐变大。伴随教育的增长，往往不能带来智力城镇化人的智力水平和科技转化力水平的直接提升，这与推断的智力城镇化影响的因素机制是息息相关的，在这个阶段，科技力量和经济叠加效应的推动作用应更为明显。所以出现大量教育发展水平指标与城镇化的指标之间是相关性低或者没有相关性的结果。其中值得注意的是，中、高等教育发展水平与智力城镇化发展相关性相对较高；智力城镇化国家学前教育的发展水平不可忽视，教育年限对智力城镇化发展的影响水平不大；在智力城镇化稳定阶段，教育的财力投入对智力城镇化的发展水平直接影响不大。实际上各发达国家经验表明，城镇化稳定阶段智力城镇化国家发展进一步提升主要靠人在好的体制机制下进行智力的释放和创新，社会创新制度的保障是其重要的影响因素。

9.2 展望

中国改革开放四十多年以来，取得了经济社会发展的巨大成就，但是中国未来三十年是走向智力城镇化道路还是走向体力城镇化道路，选择非常关键。经过智力主体、智力投入、智力产出的分析，可以看出中国已经积累了相当不错的智力发展要素，各项指标已经接近或超过世界平均发展水平，发展基础较好。中国若想步入智力城镇化进一步发展需要重视以下问题：

（1）**在城镇化快速发展的 50%—70% 城镇化率阶段，必须重视公共教育和科研的投入，为稳定发展阶段提供大量智力投入支持**。根据当代科技发展的特征，投入重点攻关未来城市发展的主要领域，比如智能技术、高端制造等未来可以实现弯道超车的前沿领域。在这个过程中，不应该完全依赖政府的公共投入，应进行积极的社会资本投入智力基础积累，并释放研究成果的产业转化能力，将智力成果转化为社会经济发展成果。

（2）**中国应学习日韩的发展道路，在 50%—70% 城镇化率期间加大中、高等教育投入，为城镇化率达到 70% 之后继续智力化发展，提供适合当今科技水平的人才。**智力要素在城镇化率 70% 之后，对城镇化质量的提升才明确显现出来。如果像巴西、墨西哥、阿根廷等国家，现代教育体制发展较晚，一直在进行初等、中等、高等教育的快速发展，而没有到一个稳定的较高发展水平，直到城镇化率 70% 后对重视智力投入的建设和智力主体的培育还不能满足城镇化社会发展的要求，这样对"人"和"创新力"发展滞后城镇化的"补课"很难提升城镇化整体的质量。

（3）**以"智力"为创新力和核心驱动力，培育智力要素转化为社会福祉的创新环境，才有可能让中国在未来的 20—25 年城镇化率增加中实现提升发展，进入"智力城镇化"国家行列。**目前城镇化率低于 50% 的国家，基本上是发展中和不发达国家，大多依靠能源和廉价劳动力发展，主要分布在非洲和亚洲。而城镇化率高于 50% 的国家，其能走上智力城镇化发展道路的，不足 44 个，不到世界国家或地区总量的 17%，但是基本都是目前最具有竞争力和创新力的国家群体。

纵观世界主要智力城镇化国家在 50% 城镇化率前后，对教育发展都非常重视，教育最近的思潮主要是受实用主义的影响。他们主要的特点为：首先重视初、中等教育的普及，其次重视高等教育的大众教育性，并对职业教育发展加大力度。中国的现代化教育起步较晚，发展较快。很欣喜地看到中国这四十年正在向这个方向发展，培养了大量的高素质人才。**但是未来更重要的是，如何有良好的创新机制保障，发挥出智力劳动者的潜力，利用较高的科学技术水平进行大量的智力创造，走向品质城镇化道路。**

附录

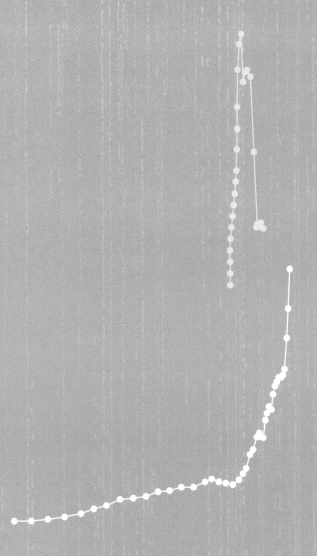

附录 1　世界人口城镇化进程数据表（1800—2000 年）

年份（年）	总人口（百万）	城镇人口（百万）	城镇人口占总人口比重	总人口年平均增长率（%）	城镇人口年平均增长率（%）
1800	952	29.3	3.1	—	—
1850	1247	80.8	6.5	0.54	2.06
1900	1656	224.4	13.6	0.57	2.06
1920	1809	360.0	19.9	0.44	2.39
1940	2280	570.0	25.0	1.16	2.32
1950	2525.8	746.5	29.6	0.93	3.11
1960	3026.0	1019.5	33.7	1.79	2.99
1970	3691.2	1350.3	36.6	2.07	2.56
1980	4449.0	1749.5	39.3	1.75	2.71
1990	5320.8	2285.0	42.9	1.72	2.34
2000	6127.7	2856.1	46.6	1.31	2.27
2005	6514.1	3199.0	49.1	1.21	2.20
2010	6916.2	3571.3	51.6	1.18	2.05
2012	7080.1	3725.5	52.6	1.13	2.05

注：1950 年以前数据根据四川人民出版社《世界各国人口手册》整理，1950 年以后数据，根据联合国数据化提供的 urbanization 数据整理。1970 以后总人口年平均增长率（%）来自于 2014 年世界银行数据库

附录 2　2012 年城镇化率超过 50% 的国家或地区列表

国家或地区名称	城镇化率（%）	国家或地区名称	城镇化率（%）	国家或地区名称	城镇化率（%）
Angola	59.91	Fiji	52.63	Mongolia	69.35
Albania	54.45	France	86.26	Northern Mariana Islands	91.57
Arab World	57.19	Gabon	86.46	Malaysia	73.36
UnitedArab Emirates	84.62	United Kingdom	79.76	North America	82.44
Argentina	92.64	Georgia	52.98	New Caledonia	61.61
Armenia	64.16	Ghana	52.52	Nigeria	50.23
American Samoa	93.43	Gambia	57.76	Nicaragua	57.86
Australia	89.34	Greece	61.71	Netherlands	83.52
Austria	67.88	Greenland	84.93	Norway	79.65
Azerbaijan	53.89	Guatemala	50.24	New Zealand	86.29
Belgium	97.51	Guam	93.24	Oman	73.69
Bulgaria	73.64	High income	80.21	Panama	75.78

续表

国家或地区名称	城镇化率（%）	国家或地区名称	城镇化率（%）	国家或地区名称	城镇化率（%）
Bahrain	88.76	Hong Kong SAR, China	100	Peru	77.58
Bahamas	84.45	Honduras	52.73	Palau	84.86
Belarus	75.43	Croatia	58.11	Poland	60.84
Bermuda	100	Haiti	54.64	Puerto Rico	98.96
Bolivia	67.22	Hungary	69.91	Korea, Dem.Rep.	60.47
Brazil	84.87	Indonesia	51.45	Portugal	61.58
Brunei Darussalam	76.32	Isleof Man	50.51	Paraguay	62.44
Botswana	62.25	Ireland	62.51	French Polynesia	51.45
Canada	80.77	Iran, Islamic Rep.	69.23	Qatar	98.89
Switzerland	73.78	Iraq	66.47	Romania	52.85
Chile	89.35	Iceland	93.83	Russian Federation	74
China	51.78	Israel	91.94	Saudi Arabia	82.5
Cote d'Ivoire	52	Italy	68.58	Singapore	100
Cameroon	52.66	Jamaica	52.16	El Salvador	65.25
Congo, Rep.	64.08	Jordan	82.95	San Marino	94.14
Colombia	75.57	Japan	91.73	Serbia	56.73
Cabo Verde	63.32	Kazakhstan	53.54	Sao Tomeand Principe	63.31
CostaRica	65.1	Korea, Rep.	83.47	Suriname	70.12
Cuba	75.17	Kuwait	98.27	Slovak Republic	54.73
Cayman Islands	100	Lebanon	87.36	Sweden	85.36
Cyprus	70.71	Libya	77.91	Seychelles	54.01
Czech Republic	73.42	Lithuania	67.23	Syrian Arab Republic	56.46
Germany	74.07	Luxembourg	85.64	Turks and Caicos Islands	94.07
Djibouti	77.16	Latvia	67.71	Tunisia	66.53
Dominica	67.3	Macao SAR, China	100	Turkey	72.33
Denmark	87.07	Morocco	57.41	Tuvalu	50.98
Dominican Republic	70.21	Monaco	100	Ukraine	69.08
Algeria	73.71	Mexico	78.39	Uruguay	92.64
Ecuador	67.98	Marshall Islands	72.15	United States	82.63
Spain	77.57	Macedonia, FYR	59.44	Venezuela, RB	93.7
Estonia	69.57	Malta	94.98	Virgin Islands (U.S.)	95.57
Finland	83.82	Montenegro	63.48		

数据来源：2014 年世界银行数据库

附录 3 G20 成员国城镇化率（%）

国家名称	美国	日本	德国	法国	英国	意大利	加拿大	俄罗斯	中国	阿根廷	澳大利亚	巴西	印度	印度尼西亚	墨西哥	沙特阿拉伯	南非	韩国	土耳其	欧盟	世界
1960	70.0	63.3	71.4	61.9	78.4	59.4	69.1	53.7	16.2	73.6	81.5	46.1	17.9	14.6	50.8	31.3	46.6	27.7	31.5	60.9	33.5
1961	70.4	64.2	71.5	62.9	78.3	59.9	69.8	54.6	16.6	74.2	81.9	47.1	18.1	14.8	51.6	32.8	46.7	28.6	32.1	61.4	34.0
1962	70.7	65.1	71.6	64.0	78.2	60.4	70.6	55.5	17.0	74.7	82.3	48.1	18.3	15.1	52.4	34.3	46.9	29.6	32.6	61.9	34.5
1963	71.1	66.0	71.7	65.0	78.1	60.9	71.4	56.4	17.3	75.3	82.7	49.1	18.4	15.3	53.3	35.8	47.0	30.5	33.1	62.4	34.8
1964	71.5	66.9	71.8	66.0	77.9	61.3	72.1	57.3	17.7	75.8	83.1	50.1	18.6	15.5	54.1	37.3	47.1	31.4	33.7	62.9	35.2
1965	71.9	67.9	72.0	67.1	77.8	61.8	72.9	58.2	18.1	76.4	83.5	51.0	18.8	15.8	54.9	38.8	47.2	32.4	34.2	63.4	35.6
1966	72.2	68.7	72.0	67.9	77.7	62.3	73.4	59.0	17.9	76.9	83.8	52.0	19.0	16.0	55.7	40.7	47.4	34.0	35.0	63.8	35.8
1967	72.6	69.5	72.1	68.7	77.5	62.8	74.0	59.9	17.8	77.4	84.2	53.0	19.2	16.3	56.6	42.7	47.5	35.7	35.8	64.2	36.0
1968	72.9	70.3	72.1	69.5	77.4	63.3	74.5	60.8	17.7	77.9	84.6	54.0	19.4	16.6	57.4	44.7	47.6	37.4	36.6	64.6	36.2
1969	73.3	71.1	72.2	70.3	77.3	63.8	75.1	61.6	17.5	78.4	84.9	54.9	19.6	16.8	58.2	46.7	47.7	39.0	37.4	65.0	36.4
1970	73.6	71.9	72.3	71.1	77.1	64.3	75.7	62.5	17.4	78.9	85.3	55.9	19.8	17.1	59.0	48.7	47.8	40.7	38.2	65.4	36.6
1971	73.6	72.6	72.3	71.4	77.2	64.5	75.6	63.3	17.4	79.3	85.4	56.9	20.1	17.5	59.8	50.6	47.9	42.2	38.9	65.8	36.8
1972	73.6	73.4	72.4	71.8	77.3	64.8	75.6	64.1	17.4	79.7	85.5	57.9	20.4	18.0	60.5	52.5	47.9	43.6	39.6	66.2	37.0
1973	73.6	74.2	72.4	72.2	77.5	65.1	75.6	64.8	17.4	80.1	85.7	58.8	20.7	18.4	61.3	54.5	48.0	45.1	40.2	66.5	37.2
1974	73.6	74.9	72.5	72.6	77.6	65.4	75.6	65.6	17.4	80.6	85.8	59.8	21.0	18.9	62.0	56.4	48.0	46.6	40.9	66.9	37.5
1975	73.7	75.7	72.6	72.9	77.7	65.6	75.6	66.4	17.4	81.0	85.9	60.8	21.3	19.3	62.8	58.3	48.1	48.0	41.6	67.2	37.7
1976	73.7	75.8	72.6	73.0	77.8	65.8	75.6	67.1	17.8	81.4	85.9	61.7	21.7	19.9	63.5	59.9	48.2	49.8	42.0	67.5	38.0

续表

国家名称	美国	日本	德国	法国	英国	意大利	加拿大	俄罗斯	中国	阿根廷	澳大利亚	巴西	印度	印度尼西亚	墨西哥	沙特阿拉伯	南非	韩国	土耳其	欧盟	世界
1977	73.7	75.9	72.7	73.1	78.0	66.0	75.6	67.8	18.2	81.7	85.9	62.7	22.0	20.4	64.2	61.4	48.2	51.5	42.5	67.8	38.4
1978	73.7	76.0	72.7	73.1	78.2	66.2	75.6	68.4	18.6	82.1	85.8	63.6	22.4	21.0	64.9	62.9	48.3	53.2	42.9	68.1	38.7
1979	73.7	76.1	72.8	73.2	78.3	66.4	75.7	69.1	19.0	82.5	85.8	64.5	22.7	21.5	65.6	64.4	48.4	55.0	43.3	68.4	39.0
1980	73.7	76.2	72.8	73.3	78.5	66.6	75.7	69.8	19.4	82.9	85.8	65.5	23.1	22.1	66.3	65.9	48.4	56.7	43.8	68.7	39.4
1981	73.9	76.3	72.8	73.4	78.5	66.7	75.8	70.2	20.1	83.3	85.7	66.3	23.3	22.9	66.9	67.2	48.6	58.4	45.5	68.8	39.7
1982	74.0	76.4	72.8	73.4	78.4	66.7	75.9	70.6	20.8	83.7	85.6	67.2	23.6	23.7	67.4	68.6	48.8	60.0	47.2	69.0	40.1
1983	74.2	76.5	72.8	73.5	78.4	66.8	76.1	71.1	21.5	84.2	85.6	68.1	23.8	24.5	67.9	69.9	49.0	61.6	49.0	69.1	40.5
1984	74.3	76.6	72.7	73.6	78.4	66.8	76.2	71.5	22.2	84.6	85.5	69.0	24.1	25.3	68.4	71.3	49.2	63.2	50.7	69.3	40.8
1985	74.5	76.7	72.7	73.7	78.4	66.8	76.4	71.9	22.9	85.0	85.5	69.9	24.3	26.1	69.0	72.6	49.4	64.9	52.4	69.5	41.2
1986	74.7	76.8	72.8	73.7	78.3	66.8	76.4	72.2	23.6	85.4	85.4	70.7	24.6	27.0	69.4	73.4	49.9	66.7	53.8	69.6	41.6
1987	74.8	76.9	72.9	73.8	78.3	66.8	76.4	72.5	24.3	85.8	85.4	71.5	24.8	27.9	69.9	74.2	50.4	68.5	55.2	69.8	41.9
1988	75.0	77.0	73.0	73.9	78.2	66.8	76.5	72.8	25.0	86.2	85.4	72.3	25.1	28.8	70.4	75.0	51.0	70.3	56.5	69.9	42.2
1989	75.1	77.2	73.0	74.0	78.2	66.7	76.5	73.1	25.7	86.6	85.4	73.1	25.3	29.7	70.9	75.8	51.5	72.1	57.9	70.1	42.6
1990	75.3	77.3	73.1	74.1	78.1	66.7	76.6	73.4	26.4	87.0	85.4	73.9	25.5	30.6	71.4	76.6	52.0	73.8	59.2	70.2	43.0
1991	75.7	77.5	73.2	74.2	78.2	66.8	76.8	73.4	27.3	87.3	85.5	74.7	25.8	31.6	71.8	77.0	52.5	74.7	59.8	70.4	43.3
1992	76.1	77.6	73.2	74.4	78.2	66.8	77.0	73.4	28.2	87.7	85.7	75.4	26.0	32.6	72.2	77.4	53.0	75.6	60.4	70.5	43.7
1993	76.5	77.7	73.2	74.6	78.3	66.8	77.2	73.4	29.2	88.0	85.8	76.1	26.2	33.6	72.6	77.8	53.5	76.5	61.0	70.6	44.0
1994	76.9	77.9	73.3	74.7	78.3	66.9	77.5	73.4	30.1	88.3	86.0	76.9	26.4	34.6	73.0	78.3	54.0	77.4	61.5	70.7	44.4

续表

国家名称	美国	日本	俄国	法国	英国	意大利	加拿大	俄罗斯	中国	阿根廷	澳大利亚	巴西	印度	印度尼西亚	墨西哥	沙特阿拉伯	南非	韩国	土耳其	欧盟	世界
1995	77.3	78.0	73.3	74.9	78.4	66.9	77.7	73.4	31.0	88.7	86.1	77.6	26.6	35.6	73.4	78.7	54.5	78.2	62.1	70.8	44.8
1996	77.6	78.1	73.2	75.3	78.4	67.0	78.0	73.4	31.9	88.9	86.3	78.3	26.8	36.8	73.6	78.9	55.0	78.5	62.6	70.9	45.2
1997	78.0	78.3	73.2	75.7	78.5	67.0	78.4	73.4	32.9	89.2	86.5	79.0	27.0	38.1	73.9	79.1	55.4	78.8	63.2	71.0	45.5
1998	78.4	78.4	73.2	76.1	78.5	67.1	78.8	73.4	33.9	89.5	86.7	79.8	27.2	39.4	74.2	79.4	55.9	79.1	63.7	71.2	45.9
1999	78.7	78.5	73.1	76.5	78.6	67.2	79.1	73.4	34.9	89.8	87.0	80.5	27.5	40.7	74.5	79.6	56.4	79.3	64.2	71.3	46.3
2000	79.1	78.6	73.1	76.9	78.7	67.2	79.5	73.4	35.9	90.1	87.2	81.2	27.7	42.0	74.7	79.8	56.9	79.6	64.7	71.4	46.7
2001	79.4	80.1	73.1	77.7	78.7	67.3	79.6	73.3	37.2	90.4	87.4	81.5	28.0	42.8	75.0	80.1	57.4	80.0	65.2	71.6	47.2
2002	79.7	81.6	73.2	78.8	78.8	67.4	79.7	73.2	38.5	90.6	87.6	81.8	28.3	43.6	75.4	80.3	57.8	80.3	65.6	71.9	47.7
2003	80.1	83.0	73.2	79.7	78.9	67.4	79.9	73.1	39.9	90.9	87.8	82.2	28.6	44.4	75.7	80.5	58.3	80.7	66.0	72.1	48.2
2004	80.4	84.5	73.3	80.6	78.9	67.5	80.0	73.0	41.2	91.1	88.0	82.5	28.9	45.2	76.0	80.8	58.8	81.0	66.4	72.3	48.6
2005	80.7	86.0	73.4	81.6	79.0	67.6	80.1	72.9	42.5	91.4	88.2	82.8	29.2	45.9	76.3	81.0	59.3	81.3	66.8	72.5	49.1
2006	81.0	86.9	73.4	82.3	79.1	67.7	80.2	73.1	43.9	91.6	88.4	83.1	29.6	46.7	76.6	81.2	59.7	81.7	67.6	72.7	49.6
2007	81.3	87.8	73.5	83.0	79.2	67.8	80.3	73.2	45.2	91.8	88.5	83.4	29.9	47.5	76.9	81.4	60.2	82.0	68.3	73.0	50.1
2008	81.6	88.7	73.6	83.8	79.3	68.0	80.4	73.4	46.5	92.0	88.7	83.7	30.3	48.3	77.2	81.6	60.6	82.3	69.0	73.2	50.6
2009	81.9	89.6	73.7	84.5	79.4	68.1	80.5	73.5	47.9	92.2	88.9	84.0	30.6	49.1	77.5	81.9	61.1	82.6	69.8	73.4	51.1
2010	82.1	90.5	73.8	85.2	79.5	68.2	80.6	73.7	49.2	92.3	89.0	84.3	30.9	49.9	77.8	82.1	61.5	82.9	70.5	73.6	51.6
2011	82.4	91.1	73.9	85.7	79.6	68.4	80.7	73.8	50.5	92.5	89.2	84.6	31.3	50.7	78.1	82.3	62.0	83.2	71.4	73.8	52.1
2012	82.6	91.7	74.1	86.3	79.8	68.6	80.8	74.0	51.8	92.6	89.3	84.9	31.7	51.4	78.4	82.5	62.4	83.5	72.3	74.1	52.6

附录 4　世界银行数据库与教科文组织数据库对应国家或地区名称编码统一表

世界银行数据库国家或地区名称	国家或地区代码	联合国数据库国家或地区名称
Aruba	ABW	Aruba
Afghanistan	AFG	Afghanistan
Angola	AGO	Angola
Albania	ALB	Albania
Andorra	AND	Andorra
Arab World	ARB	
United Arab Emirates	ARE	United Arab Emirates
Argentina	ARG	Argentina
Armenia	ARM	Armenia
American Samoa	ASM	American Samoa
Antigua and Barbuda	ATG	Antigua and Barbuda
Australia	AUS	Australia
Austria	AUT	Austria
Azerbaijan	AZE	Azerbaijan
	AIA	Anguilla
Burundi	BDI	Burundi
Belgium	BEL	Belgium
Benin	BEN	Benin
Burkina Faso	BFA	Burkina Faso
Bangladesh	BGD	Bangladesh
Bulgaria	BGR	Bulgaria
Bahrain	BHR	Bahrain
Bahamas	BHS	Bahamas
Bosnia and Herzegovina	BIH	Bosnia and Herzegovina
Belarus	BLR	Belarus
Belize	BLZ	Belize
Bermuda	BMU	Bermuda
Bolivia	BOL	Bolivia（Plurinational State of）
Brazil	BRA	Brazil
Barbados	BRB	Barbados

续表

世界银行数据库国家或地区名称	国家或地区代码	联合国数据库国家或地区名称
Brunei Darussalam	BRN	Brunei Darussalam
Bhutan	BTN	Bhutan
Botswana	BWA	Botswana
	VGB	British Virgin Islands
Central African Republic	CAF	Central African Republic
Canada	CAN	Canada
Central Europe and the Baltics	CEB	
Switzerland	CHE	Switzerland
Channel Islands	CHI	
Chile	CHL	Chile
China	CHN	China
Côte d'Ivoire	CIV	Côte d'Ivoire
Cameroon	CMR	Cameroon
Congo, Dem. Rep.	COD	Democratic Republic of the Congo
Congo, Rep.	COG	Congo
Colombia	COL	Colombia
Comoros	COM	Comoros
Cabo Verde	CPV	Cape Verde
Costa Rica	CRI	Costa Rica
Caribbean small states	CSS	
Cuba	CUB	Cuba
Curaçao	CUW	Curaçao
Cayman Islands	CYM	Cayman Islands
Cyprus	CYP	Cyprus
Czech Republic	CZE	Czech Republic
	COK	Cook Islands
Germany	DEU	Germany
Djibouti	DJI	Djibouti
Dominica	DMA	Dominica
Denmark	DNK	Denmark
Dominican Republic	DOM	Dominican Republic
Algeria	DZA	Algeria

续表

世界银行数据库国家或地区名称	国家或地区代码	联合国数据库国家或地区名称
East Asia & Pacific	EAP	
East Asia & Pacific（all income levels）	EAS	
Europe & Central Asia	ECA	
Europe & Central Asia（all income levels）	ECS	
Ecuador	ECU	Ecuador
Egypt, Arab Rep.	EGY	Egypt
Euro area	EMU	
Eritrea	ERI	Eritrea
Spain	ESP	Spain
Estonia	EST	Estonia
Ethiopia	ETH	Ethiopia
European Union	EUU	
Fragile and conflict affected situations	FCS	
Finland	FIN	Finland
Fiji	FJI	Fiji
France	FRA	France
Faeroe Islands	FRO	Faeroe Islands
	FLK	Falkland Islands（Malvinas）
	GUF	French Guiana
Micronesia, Fed. Sts.	FSM	Micronesia（Federated States of）
Gabon	GAB	Gabon
United Kingdom	GBR	United Kingdom of Great Britain and Northern Ireland
Georgia	GEO	Georgia
Ghana	GHA	Ghana
Guinea	GIN	Guinea
Gambia	GMB	Gambia
Guinea-Bissau	GNB	Guinea-Bissau
Equatorial Guinea	GNQ	Equatorial Guinea
Greece	GRC	Greece
Grenada	GRD	Grenada
Greenland	GRL	Greenland

续表

世界银行数据库国家或地区名称	国家或地区代码	联合国数据库国家或地区名称
Guatemala	GTM	Guatemala
Guam	GUM	Guam
Guyana	GUY	Guyana
	GIB	Gibraltar
	GLP	Guadeloupe
High income	HIC	
Hong Kong SAR, China	HKG	China, Hong Kong Special Administrative Region
Honduras	HND	Honduras
Heavily indebted poor countries (HIPC)	HPC	
Croatia	HRV	Croatia
Haiti	HTI	Haiti
Hungary	HUN	Hungary
	VAT	Holy See
Indonesia	IDN	Indonesia
Isle of Man	IMN	
India	IND	India
Ireland	IRL	Ireland
Iran, Islamic Rep.	IRN	Iran (Islamic Republic of)
Iraq	IRQ	Iraq
Iceland	ISL	Iceland
Israel	ISR	Israel
Italy	ITA	Italy
Jamaica	JAM	Jamaica
Jordan	JOR	Jordan
Japan	JPN	Japan
Kazakhstan	KAZ	Kazakhstan
Kenya	KEN	Kenya
Kyrgyz Republic	KGZ	Kyrgyzstan
Cambodia	KHM	Cambodia
Kiribati	KIR	Kiribati
St. Kitts and Nevis	KNA	

续表

世界银行数据库国家或地区名称	国家或地区代码	联合国数据库国家或地区名称
Korea, Rep.	KOR	Republic of Korea
Kuwait	KWT	Kuwait
Latin America & Caribbean	LAC	
Lao PDR	LAO	Lao People's Democratic Republic
Lebanon	LBN	Lebanon
Liberia	LBR	Liberia
Libya	LBY	Libya
St. Lucia	LCA	
Latin America & Caribbean (all income levels)	LCN	
Least developed countries: UN classification	LDC	
Low income	LIC	
Liechtenstein	LIE	Liechtenstein
Sri Lanka	LKA	Sri Lanka
Lower middle income	LMC	
Low & middle income	LMY	
Lesotho	LSO	Lesotho
Lithuania	LTU	Lithuania
Luxembourg	LUX	Luxembourg
Latvia	LVA	Latvia
Macao SAR, China	MAC	China, Macao Special Administrative Region
St. Martin (French part)	MAF	
Morocco	MAR	Morocco
Monaco	MCO	Monaco
Moldova	MDA	Republic of Moldova
Madagascar	MDG	Madagascar
Maldives	MDV	Maldives
Middle East & North Africa (all income levels)	MEA	
Mexico	MEX	Mexico
Marshall Islands	MHL	Marshall Islands

续表

世界银行数据库国家或地区名称	国家或地区代码	联合国数据库国家或地区名称
Middle income	MIC	
Macedonia, FYR	MKD	The former Yugoslav Republic of Macedonia
Mali	MLI	Mali
Malta	MLT	Malta
Myanmar	MMR	Myanmar
Middle East & North Africa	MNA	
Montenegro	MNE	Montenegro
Mongolia	MNG	Mongolia
Northern Mariana Islands	MNP	
Mozambique	MOZ	Mozambique
Mauritania	MRT	Mauritania
Mauritius	MUS	Mauritius
Malawi	MWI	Malawi
Malaysia	MYS	Malaysia
	MTQ	Martinique
	MSR	Montserrat
North America	NAC	
Namibia	NAM	Namibia
New Caledonia	NCL	New Caledonia
Niger	NER	Niger
Nigeria	NGA	Nigeria
Nicaragua	NIC	Nicaragua
Netherlands	NLD	Netherlands
High income: Non-OECD	NOC	
Norway	NOR	Norway
Nepal	NPL	Nepal
New Zealand	NZL	New Zealand
	ANT	Netherlands Antilles
	NRU	Nauru
	NIU	Niue
	NFK	Norfolk Island

世界银行数据库国家或地区名称	国家或地区代码	联合国数据库国家或地区名称
High income: OECD	OEC	
OECD members	OED	
Oman	OMN	Oman
Other small states	OSS	
Pakistan	PAK	Pakistan
Panama	PAN	Panama
Peru	PER	Peru
Philippines	PHL	Philippines
Palau	PLW	Palau
Papua New Guinea	PNG	Papua New Guinea
Poland	POL	Poland
Puerto Rico	PRI	Puerto Rico
Korea, Dem. Rep.	PRK	Democratic People's Republic of Korea
Portugal	PRT	Portugal
Paraguay	PRY	Paraguay
West Bank and Gaza	PSE	
Pacific island small states	PSS	
	PST	Palestine
French Polynesia	PYF	French Polynesia
Qatar	QAT	Qatar
Romania	ROU	Romania
Russian Federation	RUS	Russian Federation
Rwanda	RWA	Rwanda
	REU	Réunion
South Asia	SAS	
Saudi Arabia	SAU	Saudi Arabia
Sudan	SDN	Sudan
Senegal	SEN	Senegal
Singapore	SGP	Singapore
Solomon Islands	SLB	Solomon Islands
Sierra Leone	SLE	Sierra Leone
El Salvador	SLV	El Salvador

续表

世界银行数据库国家或地区名称	国家或地区代码	联合国数据库国家或地区名称
San Marino	SMR	San Marino
Somalia	SOM	Somalia
Serbia	SRB	Serbia
Sub-Saharan Africa	SSA	
South Sudan	SSD	South Sudan
Sub-Saharan Africa（all income levels）	SSF	
Small states	SST	
São Tomé and Principe	STP	Sao Tome and Principe
Suriname	SUR	Suriname
Slovak Republic	SVK	
Slovenia	SVN	Slovenia
Sweden	SWE	Sweden
Swaziland	SWZ	Swaziland
Sint Maarten（Dutch part）	SXM	Sint Maarten（Dutch part）
Seychelles	SYC	Seychelles
Syrian Arab Republic	SYR	Syrian Arab Republic
	SHN	Saint Helena
	KNA	Saint Kitts and Nevis
	LCA	Saint Lucia
	SPM	Saint Pierre and Miquelon
	VCT	Saint Vincent and the Grenadines
	SVK	Slovakia
	无	Sudan（pre-secession）
Turks and Caicos Islands	TCA	Turks and Caicos Islands
Chad	TCD	Chad
Togo	TGO	Togo
Thailand	THA	Thailand
Tajikistan	TJK	Tajikistan
Turkmenistan	TKM	Turkey
Timor-Leste	TLS	Timor-Leste
Tonga	TON	Tonga
Trinidad and Tobago	TTO	Trinidad and Tobago

续表

世界银行数据库国家或地区名称	国家或地区代码	联合国数据库国家或地区名称
Tunisia	TUN	Tunisia
Turkey	TUR	Turkey
Tuvalu	TUV	Tuvalu
Tanzania	TZA	United Republic of Tanzania
	TKL	Tokelau
Uganda	UGA	Uganda
Ukraine	UKR	Ukraine
Upper middle income	UMC	
Uruguay	URY	Uruguay
United States	USA	United States of America
Uzbekistan	UZB	Uzbekistan
St. Vincent and the Grenadines	VCT	
Venezuela，RB	VEN	Venezuela（Bolivarian Republic of）
Virgin Islands（U.S.）	VIR	United States Virgin Islands
Vietnam	VNM	Viet Nam
Vanuatu	VUT	Vanuatu
World	WLD	
Samoa	WSM	Samoa
Yemen，Rep.	YEM	Yemen
South Africa	ZAF	South Africa
Zambia	ZMB	Zambia
Zimbabwe	ZWE	Zimbabwe
	ESH	Western Sahara

附录5　城镇化快速发展阶段教育与城镇化相关数据（英、德、美、法、日）

（1）英国

年份（年）	在校大学生人数（千人）	在校小学生人数（千人）-英格兰和威尔士	在校中学生人数（千人）-英格兰和威尔士	城镇化率（%）	总人口（千人）-英格兰和威尔士	国民收入（百万英镑）
1870		1231			22386	929
1871		1336		61.8	22712	987
1872		1482				1041
1873		1679				1133
1874		1837				1133
1875		1985				1085
1876		2151				1088
1877		2405				1093
1878		2595				1071
1879		2751				1020
1880		2864		67.49	25671	1073
1881		3015		67.9	25974	1113
1882		3127				1156
1883		3273				1184
1884		3371				1136
1885		3438				1118
1886		3527				1135
1887		3615				1164
1888		3683				1246
1889		3718				1333
1890		3750		71.5	28651	1399
1891		3871		72	29003	1386
1892		4100				1361
1893		4226				1330
1894		4325				1377
1895		4423				1442
1896		4489				1470
1897		4554				1519
1898		4637				1601
1899		4666				1672
1900		4754		76.89	32174	1756

续表

年份（年）	在校大学生人数（千人）	在校小学生人数（千人）-英格兰和威尔士	在校中学生人数（千人）-英格兰和威尔士	城镇化率（%）	总人口（千人）-英格兰和威尔士	国民收入（百万英镑）
1901		4923		77	32528	1724
1902		5057				1738
1903		5177				1714
1904		5258	94.7			1742
1905		5312	116			1818
1906		5302	126			1939
1907		5301	138			2035
1908		5355	151			1926
1909		5375	156			1973
1910		5382	160	77.99	35888	2063
1911		5367	166	78.1	36070	2140
1912		5376	174			2268
1913		5393	188			2368
1914			199			2266
1915			209			2591
1916			219			3064
1917			239			3631
1918			270			4372
1919		5199	308			5461
1920		5206	337	77.29	37681	5664
1921		5181	355	77.2	37887	4460
1922	59	5136	354			3856
1923	57.1	5025	349			3844
1924	55.9	4934	353			3919
1925	56.3	4950	361			3980
1926	57.1	4967	371			3914
1927	57.8	4981	378			4145
1928	58.5	4909	387			4154
1929	59.5	4941	394			4178
1930	62.3	4930	411	78.01	39762	3957
1931	62.5	5006	432	78.1	39952	3666
1932	64.1	5049	442			3568
1933	64.4	5066	448			3728
1934	64	4907	457			3881
1935	63.6	4748	464			4109
1936	62.5	4588	466			4388

续表

年份（年）	在校大学生人数（千人）	在校小学生人数（千人）-英格兰和威尔士	在校中学生人数（千人）-英格兰和威尔士	城镇化率（%）	总人口（千人）-英格兰和威尔士	国民收入（百万英镑）
1937	62.3	4527	470			4616
1938	63.4					4640
1939	49.8			80.4		5037
1940	44	4230.375	769.625	80.25	41811	5980
1941	46.5					6941
1942	48					7664
1943	48.9					8171
1944	49.8					8310
1945	67.2	3736	1269			8355
1946	86.3	3700	1335			8111
1947	96.5	3812	1545			8725
1948	102	3874	1654			9507
1949	106	3955	1695			10208
1950	105	4005	1733	78.981	43523	10710
1951	103	4214	1756	78.9	43758	11720
1952	100	4436	1770			12727
1953	99.1	4554	1822			13607
1954	101	4601	1914			14580
1955	104	4592	2057	78.714		15416
1956	109	4590	2187			16698
1957	115	4508	2330			17635
1958	119	4308	2593			18341
1959	124	4201	2723			18931
1960	130	4133	2829	78.444	45841	19844

（2）德国

年份（年）	在校大学生人数（千人）联邦德国	在校小学生人数（千人）	在校中学生人数（千人）	城镇化率（%）	总人口（千人）	国民收入（十亿德国马克）	人均国民收入（德国马克）
1870					40805		
1871				36.1	40997		
1872	20.576				41230		
1873					41564		
1874					42004		
1875	22.892			39	42518		

续表

年份（年）	在校大学生人数（千人）联邦德国	在校小学生人数（千人）	在校中学生人数（千人）	城镇化率（%）	总人口（千人）	国民收入（十亿德国马克）	人均国民收入（德国马克）
1876					43059		
1877					43610		
1878					44129		
1879					44641		
1880	26.254			41.4	45095		
1881					45428		
1882					45719		
1883					46016		
1884					46336		
1885	31.418			43.7	46707		
1886					47134		
1887					47630		
1888					48168		
1889					48717		
1890	28.359			47.0	49241	24.8	503.6
1891	33.992				49762	24.8	498.4
1892					50266	24.8	493.4
1893					50757	25	492.5
1894					51339	25.4	494.8
1895				50.2	52001	25.9	498.1
1896	40.286				52753	26.7	506.1
1897					53569	27.6	515.2
1898					54406	28.6	525.7
1899	46.52				55248	29.8	539.4
1900	47.986	8966		54.4	56046	30.9	551.3
1901	51.042				56874	31.3	550.3
1902	52.538				57767	31.8	550.5
1903	53.806				58629	32.6	556.0
1904	55.053				59475	33.8	568.3
1905	57.375	9779		57.4	60314	35.2	583.6
1906	59.36				61153	37.7	616.5
1907	61.946				62013	39.7	640.2
1908	64.49				62863	40.9	650.6
1909	67.877				63717	42.5	667.0
1910	70.183	10310	1016	60.0	64568	44	681.5
1911	72.194				65359	45.6	697.7

续表

年份（年）	在校大学生人数（千人）联邦德国	在校小学生人数（千人）	在校中学生人数（千人）	城镇化率（%）	总人口（千人）	国民收入（十亿德国马克）	人均国民收入（德国马克）
1912	77.378				66146	47.6	719.6
1913	79.557				66978	50.1	748.0
1914	66.568				67790		
1915	64.384				67883		
1916	71.809				67715		
1917	80.1				67368		
1918	95.986				66811		
1919	117.772				62897		
1920	119	9023	1075	63.13043	61797	56.7	917.5
1921	119	8894	1081		62469		
1922	122				62035		
1923	114				62450		
1924	93.5				62846		
1925	90.3	6662	1080		63177	60	949.7
1926	94.8				63646	62.7	985.1
1927	101				64023	70.8	1105.9
1928	112				64393	75.4	1170.9
1929	121				64739	75.9	1172.4
1930	128	7590	1016	66.26087	65084	70.2	1078.6
1931	126				65429	57.5	878.8
1932	121				65716	45.2	687.8
1933	107			67.2	66027	46.5	704.3
1934	86.1				66409	52.7	793.6
1935	76.3	7892	907		66871	58.6	876.3
1936	64.5	7758	907		67349	65.8	977.0
1937	56.4		944		67831	73.8	1088.0
1938	55.9	7487	935	69.9	68558	82.1	1197.5
1939	47.4	7289	958		69314	89.8	1295.6
1940	49.7	7202	944	69.6	69838	92.5	1324.5
1941	52.3				70244	97.8	1392.3
1942	63.6				70834	98	1383.5
1943	64.8				70411	99	1406.0
1944					69865	90	1288.2
1945							
1946					44177		
1947					44941		

续表

年份（年）	在校大学生人数（千人）联邦德国	在校小学生人数（千人）	在校中学生人数（千人）	城镇化率（%）	总人口（千人）	国民收入（十亿德国马克）	人均国民收入（德国马克）
1948					46149		
1949	110				47093		
1950	117	6330	801	68.1	47851	74.5	1556.9
1951	118	6142	879		48365	90.3	1867.1
1952	120	5720	948		48690	102.8	2111.3
1953	117	5340	1018		49145	110.6	2250.5
1954	123	5135	906		49693	119.7	2408.8
1955	130	4936	924	69.7	50195	137.5	2739.3
1956	145	4867	912		50801	152.1	2994.0
1957	161	4847	1072		51477	165.8	3220.9
1958	181	4783	1134		52158	177.5	3403.1
1959	196	4998	1170		52785	192.2	3641.2
1960	212	5291	1222	71.384	53373	214.7	4022.6

（3）美国

年份（年）	在校大学生人数（千人）	在校小学生人数（千人）	在校中学生人数（千人）	城镇化率（%）	总人口（千人）	国民收入（百万美元，按当年价格）	国际移民（千人）	人均国民收入（美元）
1870	52			25	39818	4562.6	387	
1871		7481	80				321	
1872							405	
1873							460	
1874							313	
1875							227	
1876							170	
1877							142	
1878							138	
1879						7227	178	
1880	116	9757	110	28.2	50156	7574.4	457	151.0
1881							669	
1882							789	
1883							603	
1884							519	
1885							395	
1886							334	

续表

年份（年）	在校大学生人数（千人）	在校小学生人数（千人）	在校中学生人数（千人）	城镇化率（%）	总人口（千人）	国民收入（百万美元，按当年价格）	国际移民（千人）	人均国民收入（美元）
1887							490	
1888							547	
1889						10701	444	
1890	157	12520	203	33.9	62948	11167.3	455	177.4
1891		12839	212				560	
1892		13016	240				580	
1893		13229	254				440	
1894		13706	289				286	
1895		13894	350				259	
1896		14118	380				343	
1897		14414	409				231	
1898		14654	450				229	
1899		14700	476			15364	312	
1900	238	14984	519	39.6	75995	16473.2	449	216.8
1901		15161	542				488	
1902		15367	551				649	
1903		15417	592				857	
1904		15620	636				813	
1905	264	15789	680				1026	
1906		15919	723				1101	
1907		16140	751				1285	
1908		16292	770				783	
1909		16665	841			26456	752	
1910	355	16899	915	45.7	91972	28166	1042	306.2
1911	354	17050	985			28104	879	
1912	356	17078	1105			29422	838	
1913	361	17474	1135			31450	1198	
1914	379	17935	1219			31213	1218	
1915	404	18375	1329			32533	327	
1916	441	18896	1456			38739	299	
1917						46376	295	
1918	441	18920	1934			56956	111	
1919						62945	141	
1920	598	18897	2200	50.9	105711	68434	430	647.4
1921						56689	805	
1922	681	19837	2873			57171	310	
1923						65662	523	

续表

年份（年）	在校大学生人数（千人）	在校小学生人数（千人）	在校中学生人数（千人）	城镇化率（%）	总人口（千人）	国民收入（百万美元，按当年价格）	国际移民（千人）	人均国民收入（美元）
1924	823	20289	3390			67003	707	
1925						70051	294	
1926	941	20311	3757			73523	304	
1927						73966	335	
1928	1054	20573	3911			75904	307	
1929						79498	280	
1930	1101	22811	4740	56.2	122775	75700	242	616.6
1931						59700	97	
1932	1154	22818	5543			42500	36	
1933						40200	23	
1934	1055	22534	6029			49000	29	
1935						57100	35	
1936	1208	22039	6362			64900	36	
1937						73600	50	
1938	1351	21393	6664			67600	68	
1939						72800	83	
1940	1494	20333	7059	56.3	131669	81600	71	619.7
1941						104700	52	
1942	1404	19634	6871			137700	29	
1943						170300	24	
1944	1155	19038	5975			182600	29	
1945						181200	38	
1946	1677	19118	6187			180900	109	
1947						198200	107	
1948	2616	19571	6255			223500	171	
1949						217700	188	
1950	2659	20928	6397	64.153	150697	241900	249	1605.2
1951						279300	206	
1952	2302	22331	6538			292200	266	
1953						305600	170	
1954	2515	24347	7037			301800	208	
1955				67.163	179323	330200	238	1841.4
1956	2619	26349	7696			358000	322	
1957						366900	327	
1958	2900	27841	8791			367400	253	
1959						399600	261	
1960	3216	29965	9520	69.996	203212	417100	265	2052.5

(4) 法国

年份（年）	在校大学生人数（千人）	在校小学生人数（千人）	在校中学生人数（千人）	城镇化率（%）	总人口（千人）	国民收入（十亿旧法郎，按照当年价格计算）	人均国民收入（旧法郎）
1870					38440		
1871			64.7		37750		
1872			69.5	31.1	37690		
1873			71.6		37890		
1874			72.3		38030		
1875		4610	73.9		38200		
1876			79.2		38370		
1877		4717	79.1		38550		
1878		4870	80.2		38730	22	
1879		4950	83.2		38880		
1880		5049	86.8	34.4	39020	23	587.2
1881		5341	89.5	34.8	39160		
1882		5442	90.9		39300		
1883		5469	93.4		39430		
1884		5531	92.9		39580		
1885		5517	93		39680		
1886		5521	94.6		39800		
1887		5617	95.7		39840		
1888		5623	93		39800		
1889	16.587	5602	91.5		39960		
1890	19.821	5594	90.8	37.1	39980	28	700.0
1891	22.336	5556	91.9	37.4	39960		
1892	23.295	5554	94		39980	29	725.4
1893	24.795	5548	95.9		40000	26	655.0
1894	24.855	5540	95.9		40050	26	654.2
1895	26.941	5534	96.5		40100	26	653.4
1896	26.819	5532	96.2		40200	26	651.7
1897	28.543	5535	96.2		40370	26	649.0
1898	28.254	5539	95.8		40490	26	647.1
1899	29.377	5530	96.8		40600	26	645.3
1900	29.901	5526	98.7	40.6	40610	26	645.2
1901	30.37	5550	102	40.9	40710	26	643.6
1902	31.277	5553	107		40810		
1903	32.407	5555	112		40910	28	
1904	33.618	5568	117		41000		

续表

年份（年）	在校大学生人数（千人）	在校小学生人数（千人）	在校中学生人数（千人）	城镇化率（%）	总人口（千人）	国民收入（十亿旧法郎，按照当年价格计算）	人均国民收入（旧法郎）
1905	35.67	5567	120		41050		
1906	38.197	5585	123		41100		
1907	39.89	5600	123		41110		
1908	40.767	5630	124		41210		
1909	41.044	5639	126		41280		
1910	41.19	5655	126	43.9	41400	31	748.4
1911	41.194	5682	128	44.2	41480		
1912	41.109	5669	131		41600		
1913	42.037		133		41690	32	776.0
1914	11.231		97		41700		
1915	12.566		109		40700		
1916	14.121		118		40100		
1917	19.381	4072	124		39500		
1918	29.89	3893	121		38750		
1919	45.114	3836	140		38700		
1920	49.9	4452	243	46.2	39000	110	2820.5
1921	50.9	4614	255	46.4	39240	115	2930.7
1922	50.4	4210	260		39420	119	3018.8
1923	50.9	3973	270		39880		
1924	53.1	3828	277		40310		
1925	58.5	3754	281		40610	134	3299.7
1926	61	3854	279		40870	208	5089.3
1927	64.5	3917	282		40940	210	5129.5
1928	67	4099	286		41050	227	5529.8
1929	73.6	4359	298		41230	245	5942.3
1930	78.7	4635	330	50.7	41610	243	5839.9
1931	82.7	4915	363	51.2	41660	229	5496.9
1932	84.7	5111	403		41860	206	4921.2
1933	87.2	5200	425		41890	199	4750.5
1934	82.1	5230	446		41950	184	4386.2
1935	73.8	5261	465		41940	172	4101.1
1936	72.1	5332	475		41910	189	4509.7
1937	75.3	5437	506		41930	250	5962.3
1938	79	5422			41960	369	8794.1
1939	55.5	5032	432		41900		
1940	76.5	4913	432	52.3	41000	896	21847.6

续表

年份（年）	在校大学生人数（千人）	在校小学生人数（千人）	在校中学生人数（千人）	城镇化率（%）	总人口（千人）	国民收入（十亿旧法郎，按照当年价格计算）	人均国民收入（旧法郎）
1941	89.9	4924	485		39600		
1942	106	4865			39400		
1943	90.7	4666	600		39000		
1944	97	4576			38900		
1945	123	4746	625		39700		
1946	129	4702	734	53.0	40280	2476	61469.7
1947	129	4635	747		40640	3181	78272.6
1948	129	4882	729		41040	5712	139181.3
1949	137	4669	746		41400	6430	155314.0
1950	140	4726	788	55.2	41740	7280	174413.0
1951	142	4798	797		42060	9170	218021.9
1952	148	5075	844		42360	10670	251888.6
1953	151	5282	871		42650	11160	261664.7
1954	156	5573	922	55.9	42950	11900	277066.4
1955	157	5873	969	58.2	43280	12920	298521.3
1956	170	6146	1064		42650	14330	335990.6
1957	181	6355	1129		44090	15960	361986.8
1958	192	6537	1196		44580	18000	403768.5
1959	202	5720	1265		45100	19340	428824.8
1960	211	5708	1493	61.9	45540	20680	454106.3

（5）日本

年份（年）	在校大学生人数（千人）	在校小学生人数（千人）	在校中学生人数（千人）	城镇化率（%）	总人口（千人）	国民收入（百万日元）	人均国民收入（日元）
1870							
1871							
1872					34806		
1873	4.3	1326	1.8		34985		
1874	7.8	1715	7.6		35154		
1875	8.5	1926	13		35316		
1876	8.7	2068	20		35555		
1877	6.6	2163	29		35870		
1878	6.7	2273	38		36166		
1879	7.4	2315	48		36464		

续表

年份（年）	在校大学生人数（千人）	在校小学生人数（千人）	在校中学生人数（千人）	城镇化率（%）	总人口（千人）	国民收入（百万日元）	人均国民收入（日元）
1880	7.3	2349	19		36649		
1881	8.5	2607	18		36965		
1882	8.9	3004	20		37259		
1883	9.1	3238	22		37569		
1884	10	3233	24		37962		
1885	12	3097	23		38313		
1886	12	2803	18		38541		
1887	14	2714	19		38703	234	6.0
1888	13	2928	21		39029	235	6.0
1889	15	3032	23		39473	229	5.8
1890	15	3097	23		39902	236	5.9
1891	17	3154	25		40251	238	5.9
1892	16	3166	28		40508	242	6.0
1893	15	3338	31		40860	265	6.5
1894	15	3501	34		41142	289	7.0
1895	16	3671	46		41557	312	7.5
1896	16	3878	61		41992	370	8.8
1897	19	3995	78		42400	429	10.1
1898	21	4063	92		42886	489	11.4
1899	23	4303	105		43404	593	13.7
1900	25	4684	121		43847	736	16.8
1901	29	4981	144		44359	846	19.1
1902	33	5137	160		44964	948	21.1
1903	34	5085	172		45546	1066	23.4
1904	40	5155	180		46135	1148	24.9
1905	42	5350	192		46620	1233	26.4
1906	43	5516	205		47038	1378	29.3
1907	46	5715	218		47416	1532	32.3
1908	48	5366	865		47965	1883	39.3
1909	49	5972	749		48554	2027	41.7
1910	48	6338	786		49184	2051	41.7
1911	50	6455	849		49852	2080	41.7
1912	52	6435	901		50577	2247	44.4
1913	56	6469	941		51305	2335	45.5
1914	56	6597	998		52039	2443	46.9
1915	57	6744	1058		52752	2342	44.4

续表

年份（年）	在校大学生人数（千人）	在校小学生人数（千人）	在校中学生人数（千人）	城镇化率（%）	总人口（千人）	国民收入（百万日元）	人均国民收入（日元）
1916	61	6928	1089		53496	2364	44.2
1917	64	7154	1115		54134	2875	53.1
1918	67	7415	1125		54739	4093	74.8
1919	68	7580	1222		55033	5912	107.4
1920	80	7728	1386	18.09	55391	7954	143.6
1921	91	7867	1541		56120	10688	190.4
1922	101	7961	1688		56840	13391	235.6
1923	110	8017	1826		57580	13255	230.2
1924	121	8009	1964		58350	12883	220.8
1925	134	7984	2069	21.67	59179	13382	226.1
1926	147	8038	2183		60210	12503	207.7
1927	155	8197	2285		61140	11637	190.3
1928	169	8357	2352		62070	11434	184.2
1929	177	8541	2376		62930	11510	182.9
1930	182	8788	2383	24.05	63872	11700	183.2
1931	182	9073	2350		63870	10500	164.4
1932	181	9319	2436		65890	11300	171.5
1933	182	9485	2612		66880	12400	185.4
1934	185	9618	2721		67690	13100	193.5
1935	187	9798	2821	32.89	68662	14400	209.7
1936	188	9888	2942		69590	15500	222.7
1937	190	10054	3072		70040	18600	265.6
1938	197	10123	3272		70530	20000	283.6
1939	216	10253	3492		70850	25400	358.5
1940	245	10334	3673	37.9	71400	31000	434.2
1941	245	10381	3857		71600	35800	500.0
1942	268	10528	4096		72300	42100	582.3
1943	361	10631	4427		73300	48400	660.3
1944	386	10695	4575		73800	56900	771.0
1945	393	10635	4573	27.80	72200		0.0
1946	432	10257	4510		75800	360900	4761.2
1947	454	10545	5291		78101	968000	12394.2
1948	441	10782	6023		80010	1961600	24516.9
1949	387	11001	6827		81780	2737300	33471.5
1950	400	11202	7279	37.5	83200	3381500	40643.0
1951	421	11436	7330		84500	4525200	53552.7

续表

年份 （年）	在校大学 生人数 （千人）	在校小学 生人数 （千人）	在校中学 生人数 （千人）	城镇 化率 （%）	总人口 （千人）	国民收入 （百万日元）	人均国民收入 （日元）
1952	502	11163	7427		85800	5084900	59264.6
1953	536	11241	7724		87000	5747700	66065.5
1954	581	11767	8220		88200	6022400	68281.2
1955	610	12283	8488	56.10	89276	6714000	75205.0
1956	630	12632	8679		90170	7574500	84002.4
1957	642	12972	8631		90920	8219600	90404.8
1958	653	13508	8284		91760	8504500	92682.0
1959	677	13392	8414		92630	9991200	107861.4
1960	712	12608	9158	63.272	93407		123040.8

附录6 2012年主要国家或地区的专利申请总量

国家或地区名称	国家或地 区代码	外国居民专利申请量 （个）	本国居民专利申请量 （个）	总量 （个）
World	WLD	739805	1430327	2170132
China	CHN	117464	535313	652777
United States	USA	274033	268782	542815
Japan	JPN	55783	287013	342796
Korea, Rep.	KOR	40779	148136	188915
Germany	DEU	14720	46620	61340
Russian Federation	RUS	15510	28701	44211
India	IND	34402	9553	43955
Canada	CAN	30533	4709	35242
Brazil	BRA	25312	4804	30116
Australia	AUS	23731	2627	26358
United Kingdom	GBR	7865	15370	23235
France	FRA	2092	14540	16632
Mexico	MEX	14020	1294	15314
HongKong SAR, China	HKG	12817	171	12988
Singapore	SGP	8604	1081	9685
Italy	ITA	871	8439	9310
Korea, Dem.Rep.	PRK	27	8354	8381
South Africa	ZAF	6836	608	7444
New Zealand	NZL	5674	1425	7099

续表

国家或地区名称	国家或地区代码	外国居民专利申请量（个）	本国居民专利申请量（个）	总量（个）
Malaysia	MYS	5826	1114	6940
Israel	ISR	5473	1319	6792
Thailand	THA	5726	1020	6746
Ukraine	UKR	2464	2491	4955
Argentina	ARG	4078	735	4813
Turkey	TUR	232	4434	4666
Poland	POL	247	4410	4657
Vietnam	VNM	3423	382	3805
Spain	ESP	209	3266	3475
Chile	CHL	2683	336	3019
Philippines	PHL	2832	162	2994
Switzerland	CHE	1508	1480	2988
Netherlands	NLD	338	2375	2713
Austria	AUT	294	2258	2552
Sweden	SWE	148	2288	2436
Egypt, Arab Rep.	EGY	1528	683	2211
Colombia	COL	1848	213	2061
Belarus	BLR	190	1681	1871
Finland	FIN	129	1698	1827
Denmark	DNK	229	1406	1635
Norway	NOR	555	1009	1564
Peru	PER	1136	54	1190
Romania	ROU	55	1022	1077
Morocco	MAR	843	197	1040
Czech Republic	CZE	150	867	1017
Algeria	DZA	781	119	900
Pakistan	PAK	798	96	894
Belgium	BEL	127	755	882
Hungary	HUN	66	692	758
Uruguay	URY	678	22	700
Greece	GRC	28	628	656
Portugal	PRT	26	621	647
CostaRica	CRI	600	10	610
Ireland	IRL	63	492	555
Uzbekistan	UZB	253	257	510
Jordan	JOR	346	48	394
Georgia	GEO	233	139	372

续表

国家或地区名称	国家或地区代码	外国居民专利申请量（个）	本国居民专利申请量（个）	总量（个）
Bangladesh	BGD	287	67	354
Guatemala	GTM	337	7	344
Dominican Republic	DOM	264	18	282
Bulgaria	BGR	14	245	259
Kenya	KEN	136	123	259
Honduras	HND	233	8	241
Panama	PAN	234		234
Serbia	SRB	32	192	224
Latvia	LVA	12	193	205
Slovak Republic	SVK	35	168	203
Cuba	CUB	140	38	178
Nicaragua	NIC	172	4	176
Bahrain	BHR	161	3	164
Luxembourg	LUX	52	109	161
Azerbaijan	AZE		144	144
Armenia	ARM	4	137	141
Lithuania	LTU	15	109	124
Moldova	MDA	22	93	115
Kyrgyz Republic	KGZ	1	110	111
Yemen, Rep.	YEM	49	36	85
Montenegro	MNE	41	37	78
Rwanda	RWA	30	40	70
Qatar	QAT	58	3	61
Macao SAR，China	MAC	53	5	58
Cambodia	KHM	52	1	53
Iceland	ISL	7	37	44
Madagascar	MDG	40	4	44
Zambia	ZMB	31	7	38
Barbados	BRB	36		36
Cote d'Ivoire	CIV	1	26	27
Estonia	EST	5	20	25
Malta	MLT	6	11	17
Bosniaand Herzegovina	BIH	14	2	16
Cyprus	CYP	8	4	12
Monaco	MCO	4	4	8
Tajikistan	TJK	3	3	6

数据来源：2014年世界银行数据库

参考文献

[1] United Nations, Department of Economic and Social Affairs, Population Division (2014). World Urbanization Prospects: The 2014 Revision, Highlights (ST/ESA/SER.A/352).

[2] 何志扬. 城市化道路国际比较研究 [D]. 武汉：武汉大学, 2009：4.

[3] 刘国新. 中国特色城镇化制度变迁与制度创新研究 [D]. 长春：东北师范大学, 2009.

[4] Wirth. L. Urbanism as a way of life[J]. American Journal of Sociology. 1938（44）.

[5] H.Tisdale Eldridge. The Process of Urbanization[A]. J. Spengler (ed.). Demographic Analysis[C]. New York: The Free Press, 1952.

[6] P.Hauser. The Study of Urbanization[M]. Al-bany: State University of New York Press, 1965.

[7] 沃纳·赫希. 城市经济学 [M]. 刘世庆, 等译. 北京：中国社会科学出版社, 1990.

[8] 朱铁臻. 城市发展研究 [M]. 北京：中国统计出版社, 1996：23.

[9] 许学强, 周一星, 宁越敏. 城市地理学 [M]. 北京：高等教育出版社, 1997.

[10] Jan de Vries. European Urbanization 1500-1800[M]. Cambridge: Harvard University Press, 1984.

[11] 崔功豪, 王本炎, 查彦育. 城市地理学 [M]. 南京：江苏教育出版社, 1992：68.

[12] 王挺之. 城市化与现代化的理论思考——论欧洲城市化与现代化的进程 [J]. 四川大学学报（哲学社会科学版）, 2006（6）：115-123.

[13] 高佩义. 中外城市化比较研究 [M], 南开大学出版社.1991：3.

[14] 梅益, 陈原. 中国百科大词典 [M]. 北京：中国大百科出版社, 2002：271, 860.

[15] 刘树成. 现代经济词典 [M]. 南京：凤凰出版社, 江苏人民出版社, 2005：107.

[16] 恩格斯. 家庭、私有制和国家的起源 [M]. 中共中央马克思恩格斯列宁斯大林著作编译局, 译. 北京：人民出版社, 2003.

[17] 舒尔茨. 论人力资本投资 [M]. 北京：北京经济学院出版社, 1990.

[18] 王建军. 城镇化快速发展阶段轨迹特征研究——基于 Logistic 增长模型的跨国分析 [D]. 上海：同济大学, 2009.

[19] 仇保兴. 中国特色的城镇化模式之辩——"C 模式"：超越"A 模式"的诱惑和"B 模式"的泥淖 [J]. 城市规划. 2008（11）.

[20] 沃尔德·克里斯塔勒. 德国南部中心地原理 [M]. 常正文, 等译. 北京：商务印书馆, 1998.

[21] 杨波, 朱道才, 景治中. 城市化的阶段特征与我国城市化道路的选择 [J]. 上海经济研究, 2006（2）：34-39.

[22] 布莱恩·贝里. 比较城市化——20 世纪的不同道路 [M]. 顾朝林, 等译. 北京：商务印书馆, 2008.

[23] 仇保兴. 国外城镇化模式比较与我国城镇化道路选择 [A]. 和谐与创新——快速城镇化进程中的问题、危机与对策 [M]. 北京：中国建筑工业出版社, 2006.

[24] 倪鹏飞, 等. 中国新型城市化道路——城乡双赢: 以成都为案例 [M]. 北京: 社会科学文献出版社, 2007.

[25] 赵新平, 周一星. 改革以来中国城市化道路及城市化理论研究述评 [J]. 中国社会科学, 2002（2）: 132-138.

[26] 蔡继明, 周炳林. 小城镇还是大都市: 中国城市化道路的选择 [J]. 上海经济研究, 2002（10）.

[27] 周如昌, 陈健. 中国的乡村城市化道路 [J]. 未来与发展, 1984（4）: 38-40.

[28] 许庆明. 走大城市为主导的城市化道路 [J]. 浙江经济, 1999（2）: 38.

[29] 吴道文. 中国城市化道路理论评述 [J]. 人口与经济, 1992（3）: 55-58.

[30] 周延明. 论第四次浪潮——中国农村城市化道路的现实选择 [J]. 改革与战略, 1994（4）: 30-34.

[31] 谢文蕙. 我国实现四化过程中城市化道路的初探 [J]. 城市规划研究, 1981（2）: 1-8.

[32] 宁登. 谈中国城市化道路问题——论二元城镇化战略实施 [J]. 城市规划汇刊, 1997（1）: 24-26, 35-64.

[33] 赵大治, 蔡予. 新经济时代中国可持续发展城镇化道路的思考 [J]. 城市发展研究, 2003（1）: 11-15.

[34] 周天勇, 张弥. 中国集中型城市化道路的再思考 [J]. 人口学刊, 1990（3）: 1-7.

[35] 刘家强. 我国应选择分散型人口城市化道路 [J]. 财经科学, 1996（4）: 52-54.

[36] 杨波, 朱道才, 景治中. 城市化的阶段特征与我国城市化道路的选择 [J]. 上海经济研究, 2006（2）: 34-39.

[37] 崔援民, 刘金霞. 中外城市化模式比较与我国城市化道路选择 [J]. 河北学刊, 1999（4）: 25-29.

[38] 赵新平, 周一星. 改革以来中国城市化道路及城市化理论研究述评 [J]. 中国社会科学, 2002（2）: 132-138.

[39] 仇保兴. 国外模式与中国城镇化道路选择 [J]. 人民论坛, 2005（6）: 42-44.

[40] 高佩义. 中外城市化比较研究 [M]. 天津: 南开大学出版社. 1991: 3.

[41] 李浩. 城镇化率首次超过50%的国际现象观察——兼论中国城镇化发展现状及思考 [J]. 城市规划学刊. 2013（01）.

[42] 简新华, 刘传江. 世界城市化的发展模式 [J]. 世界经济. 1998（4）: 16-17.

[43] 汪光焘. 关于中国特色的城镇化道路问题 [J]. 城市规划, 2003（4）: 11-14.

[44] 仇保兴. 借鉴国外经验走资源节约型的城镇化发展道路 [J]. 住宅科技, 2005（3）: 5-7.

[45] 辜胜阻, 易善策, 李华. 中国特色城镇化道路研究 [J]. 中国人口·资源与环境, 2009: 47-52.

[46] 李晓梅. 中国城镇化道路研究综述 [J]. 人口·社会·法制研究, 2011（00）: 185-189.

[47] 李柏文, 杨懿, 李慧新. 基于历史和产业视角的中国特色城镇化道路研究 [J]. 生态经济, 2009（12）: 71-73.

[48] 刘嘉汉, 罗蓉. 以发展权为核心的新型城镇化道路研究 [J]. 经济学家, 2011（5）: 82-88.

[49] 李晓江, 尹强, 张娟, 等. 《中国城镇化道路、模式与政策》研究报告综述 [J]. 城市规划学刊, 2014（2）: 1-14.

[50] 宋林飞. 中国特色新型城镇化道路与实现路径 [J]. 甘肃社会科学, 2014（1）: 1-5.

[51] 周一星, 宁越敏. 城市地理学 [M]. 北京: 高等教育出版社, 1997.

[52] 夏小林, 王小鲁. 中国的城市化进程分析——兼评"城市化方针"（2000）[J]. 改革, 2000（2）: 33-38.

[53] 高强. 农村城镇化制约因素初探 [[J]. 新疆农垦经济, 2001（4）: 53-55.

[54] 孙涛. 我国农村城镇化影响因素分析 [J]. 农业经济问题, 2004（6）: 21-25.

[55] 胡际权. 中国新型城镇化发展研究 [D]. 重庆: 西南农业大学, 2005.

[56] 章辉,吴柏均,杨上广.长三角城市化发展的影响因素及动力机制[J].工业技术经济,2006,25(10):45-49.

[57] 吴江,申丽娟.重庆新型城镇化路径选择影响因素的实证分析[J].西南大学学报(社会科学版),2012,38(2):151-155.

[58] 陈兴锐.从欧洲城市化进程看重庆新城拓展中解决失地农民的就业问题[J].重庆行政,2006(6):19-21.

[59] 高强.国外的城市化道路[J].经济论坛,2002(13):41-42.

[60] 黄新亮.世界科技中心转移的三大动力机制探讨[J].经济地理,2006(3):434-437.

[61] 蔡来兴.国家经济中心城市的崛起[M].上海:上海人民出版社,1995.

[62] 最开始转引徐文.世界经济中心与世界一流大学的关系研究[J].江苏高教,2004(5):112-114.

[63] 徐旭华.德意志帝国城市化影响因素分析[D].西安:西北师范大学,2012.

[64] 黄枝连.美国二〇三年(上卷)[M].香港:中流出版社,1980:453.

[65] 黄立勋.简析近代欧洲哲学发展线路与世界科技中心转移的契合因[J].西南民族大学学报(人文社科版),2003(7):114-117.

[66] 孙喜亭.教育原理[M].北京:北京师范大学出版社,1993:19-20.

[67] 滕大春.外国教育史和外国教育[M].保定:河北大学出版社,1998.

[68] 顾明远.世界教育大事典[M].南京:江苏教育出版社,2000.

[69] 雅斯贝尔斯.什么是教育[M].邹进,译.北京:生活·读书·新知三联书店,1991:11.

[70] 徐克谦.轴心时代的中国思想[M].合肥:安徽文艺出版社,2000.

[71] 黄福涛.外国高等教育史[M].上海:上海教育出版社,2003:52.

[72] 袁桂林.外国教育史长春:东北师范大学出版社,1995.李穆文编.世界教育史[M].西安:西北大学出版社,2006.

[73] 盛朗.世界人口城市化进程[J].人口与经济,1986(6):52-58.

[74] 邹德慈,王凯,等.中国特色城镇化研究[R].中国工程院,2013:87-88.

[75] 保罗·诺克斯,琳达·迈克卡西.城市化[M].顾朝林,汤培源,杨兴柱,等译.北京:科学出版社,2011:26.

[76] 斯塔夫里阿诺斯.全球通史:从史前史到21世纪[M].吴象婴,等译.北京:北京大学出版社,2006.

[77] 林崇德,姜璐,王德胜,等.中国成人教育百科全书心理·教育[M].海口:南海出版公司,1994.

[78] 同[17].

[79] 严雪怡.再论人才分类与教育分类[J].职业技术教育,2003(1):14-16.

[80] 蒋蔚.欧洲工业化、城镇化与农业劳动力流动[M].北京:社会科学文献出版社,2013:104.

[81] 叶连松,靳新彬.新型工业化与城镇化[M].北京:中国经济出版社,2009:59-60.

[82] 蔡来兴.国家经济中心城市的崛起[M].上海:上海人民出版社,1995.

[83] 顾明远,梁忠义.世界教育大系——英国教育[M].长春:吉林教育出版社,2002.

[84] J.Bown. A History of Western Education (Vol. Three) [M]. London: Metheun & Co.Ltd, 1981: 297.

[85] 王承绪.英国高等教育发展的历史和现行体制述略[J].教育论丛,1983(02):54-66.

[86] 顾明远,梁忠义.世界教育大系——德国教育[M].长春:吉林教育出版社,2000.

[87] 杨兰英.德国教育改革与早期现代化[D].湖南:湖南师范大学,2003.

[88] 顾明远,梁忠义.世界教育大系——美国教育[M].长春:吉林教育出版社,2000.

[89] 韦恩·厄本,杰宁斯·瓦格纳.美国教育:一部历史档案[M].周晟,谢爱磊,译.北京:中国人民大学出版社,2009.

[90] U.S. Department of Commerce. Statistical Abstract of U.S.[M]. Washington D.C.: Government

Printing Office, 1992.

[91] 付宏, 杨汉麟. 20世纪前后美国城市化进程中的公民教育及其借鉴[J]. 中南大学学报（社会科学版）, 2011（2）: 11-17.

[92] 北京师范大学教育系教育史教研室《世界教育史教学与科研参考资料选编》课题组. 《世界教育史教学与科研参考资料选编》[第三分册 现代教育史部分（上）]. [M] [出版地不详]: [出版社不详], 1992.

[93] 顾明远, 梁忠义. 世界教育大系——法国教育[M]. 长春: 吉林教育出版社, 2000.

[94] 申国昌, 周洪宇. 法国教育史学发展历程的回顾与梳理[J]. 教育研究与实验, 2008（2）: 51-55.

[95] 叶裕民. 世界城市化进程及其特征[J]. 红旗文稿, 2004（8）: 36-38.

[96] 韦伟, 赵光瑞. 日本城市化进程及支持系统研究[J]. 经济纵横, 2005（3）: 45-48.

[97] 中国科学院经济研究所世界经济研究室. 主要资本主义国家经济统计集（1848-1960）[M]. 北京: 世界知识出版社, 1962.

[98] 顾明远, 梁忠义. 世界教育大系——日本教育[M]. 长春: 吉林教育出版社, 2000.

[99] 王玉珊. 日本教育及其在经济发展中的作用研究[D]. 沈阳: 东北财经大学, 2012: 31.

[100] 张学英. 从典型国家城镇化发展看我国城镇化道路选择[J]. 技术经济与管理研究, 2003（6）: 78-79.

[101] 曹燕南, 张男星. 欧美高等教育的分类体系变迁及启示[J]. 大学（学术版）, 2013（11）: 52, 53-70.

[102] 刘子瑞. 教育分类在变化[J]. 中国统计, 2013（7）: 23-24.

[103] 黄健. 六大社会发展趋势对终身教育的挑战[J]. 成才与就业, 2016（S1）: 51.

[104] 丁兴富. 远程教育的全球化趋势[EB/OL]. http://www.sxtu.edu.cn/change/xyxs/jyjs/xueke/xuketu/luiwei6.htm.

[105] 曼纽尔·卡斯泰尔（Manuel Castells）. 信息化城市[M]. 南京: 江苏人民出版社, 2001.

[106] 邬志辉. 从教育现代化到教育全球化[D]. 上海: 华东师范大学, 2001: 90.

[107] 刘易斯·芒福德. 城市发展史[M]. 倪文彦, 等译. 北京: 中国建筑工业出版社, 1989: 306.

[108] 朱立纲. 日本和"两南"膨胀性城市化道路的比较[J]. 世界经济. 1984, （02）: 59-62.

[109] 孟晓晨. 城市化与城市化道路[J]. 城市规划, 1992（3）: 9-13, 64.

[110] 费尔南·布罗德尔, 等. 法国经济与社会史（50年代至今）[M], 上海: 复旦大学出版社, 1990.

[111] 仇保兴. 国外城镇化模式比较与我国城镇化道路选择[A]// 和谐与创新——快速城镇化进程中的问题、危机与对策[M]. 北京: 中国建筑工业出版社, 2006.

[112] 乔尔·科特金. 全球城市史[M]. 王旭, 等译. 北京: 社会科学文献出版社. 2010.

[113] 辜胜阻. 非农化与城镇化研究[M]. 杭州: 浙江人民出版社, 1991.

[114] 李随成, 等. 城市发展动力评价指标体系设计[J]. 科学学与科学技术管理, 2003（11）: 53-56.

[115] 熊永根. 城市发展中的科技动力[M]. 贵阳: 贵州人民出版社, 2003.

[116] 吕力志. 论科技创新在新型工业化发展中的地位和作用[J]. 中国软科学, 2003（12）: 152-155.

[117] 詹姆斯·特拉菲尔（J. Trefil）. 未来城[M]. 北京: 中国社会科学出版社, 2000: 4-5, 139, 144.

[118] 贺国庆, 等. 战后美国教育史[M]. 上海: 上海交通大学出版社, 2014.

[119] 何志方. 高等教育规模与城市化联动发展的国际经验[J]. 比较教育研究, 2001（9）: 27-31.

[120] 石伟平. 职业教育发展与变革比较研究[M]. 上海: 上海教育出版社, 2006（12）: 15.

[121] 陈宝堂. 日本教育的历史与现状[M]. 安徽: 中国科学技术大学出版社, 2005: 96-118.

[122] 贺国庆, 王宝星, 朱文富, 等. 外国高等教育史[M]. 北京: 人民教育出版社, 2010: 230-237.

[123] 王保星. 南北战争至20世纪初美国高等教育的发展与变革[D]. 北京: 北京师范大学, 1998: 68-71.

[124] 卢瑟·S·利德基. 美国特性探索——社会和文化 [M]. 龙治芳，等译. 北京：中国社会科学出版，1991：52-57.

[125] Commission of European Communities：ERASMUS：European Community Program for the Development of Student Mobility in the European Community[J]. European Education，1991，23（2）.

[126] Ministry of Education & Human Resources Development. Study in Korea 2002[EB/OL]. www.moe.go.kr/En/index.html：8.

[127] David Ward. Cities and Immigrants：A Geography of Change in Nineteenth-Century America[M]. Oxford: Oxford University Press. 1977：7.

[128] 蒋乃平. 城市化进程与职业教育发展新机遇 [J]. 教育与职业，2001（03）：4-8.

[129] M.lipton. Why Poor People Stay Poor. Urban Bias in World Development[M]. Cambridge：Harvard University Press，1977：145-159.

[130] K.Anderson and Y. Hayami. The Political Economy of Agricultural Protection .East Asia in International Perspective[M]. Sidney：Allen & Unwin，1986.

[131] Donald B.Dodd ed.. Historical Statistics of the States of the United States：Two centuries of census，1790-1990[M]. New York：Greenwood Press，1993.

[132] 克拉潘. 现代英国经济史（上卷）[M]. 北京：商务印书馆，1975.

[133] Roland J. Fuchs，Gavin W. Jores，Ernesto M. Pernia（eds.）. Urbanization and Urban Policies in Pacific Asia[M]. Boulder，Co. and London：Westview Press Inc，1987.

[134] 王旭. 美国城市史 [M]. 北京：中国社会科学出版社. 2000.

[135] 金雪军，等. 城市化与高新技术产业发展的关系研究 [J]. 中国软科学，2003（7）：102-106.

[136] 何祚庥. 中国城市交通未来展望 [M]. 科技日报，2002-06-09.

[137] 世界银行. 2003年世界发展报告 [M]. 北京：中国财政经济出版社，2003.

[138] 中国科学院可持续发展战略研究所. 中国现代化进程战略构想 [R]. 北京：科学出版社，2002.

[139] 彭福扬，王树仁. 从计量研究角度看技术活动中心转移 [J]. 科学学研究，1998（4）：17-20.

[140] 赵红州. 科学能力引论 [M]. 北京：科学出版社，1984.

[141] 陈文化，陈晓丽. 40°N现象与21世纪的"中国中心" [J]. 科学学研究，1999（3）：49-53.

[142] 托夫勒. 第三次浪潮 [M]. 朱志焱，等译. 北京：生活·读书·新知三联书店，1984.

[143] 周寄中. 科技资源论 [M]. 西安：陕西人民教育出版社，1999.

[144] 王放. 中国城市化与可持续发展 [M]. 北京：科学出版社，2000.

[145] 肖辉英. 德国的城市化、人口流动和经济发展 [J]. 世界历史. 1997（5）：63-72.

[146] F. Weber. The Growth of Cities in the Nineteenth Century, New York, A Study in Statistics[M]. Ithaca：Cornell University Press，1963：144.

[147] 彼得·马赛厄斯，M. M. 波斯坦. 剑桥欧洲经济史（第七卷）：工业经济资本、劳动力和企业 [M]. 王春法，等译. 北京：经济科学出版社，2004.

[148] 同 [147].

[149] H. J. 哈巴库克，M. M. 波斯坦. 剑桥欧洲经济史（第六卷）：工业革命及其以后的经济发展：收入、人口及技术变迁 [M]. 王春法，张伟，赵海波，译. 北京：经济科学出版社，2002.

[150] R.H 米切尔. 帕尔格雷夫世界历史统计欧洲卷（1750-1993）[M]. 4版. 北京：经济科学出版社，2002.

[151] 卡洛·齐波拉，欧洲经济史（第三卷）[M]. 吴良建，译. 北京：商务印书馆，1989.

[152] E.F. 盖伊. 16世纪英格兰的圈地 [J]. 经济学季刊，17：586.

图书在版编目（CIP）数据

品质城镇化与教育 = Quality Urbanization and Education / 杨秀，吴志强著. —北京：中国建筑工业出版社，2019.12

ISBN 978-7-112-24568-0

Ⅰ.①品… Ⅱ.①杨… ②吴… Ⅲ.①城市化—关系—教育事业—研究—中国 Ⅳ.①F299.21 ②G52

中国版本图书馆CIP数据核字（2019）第286273号

责任编辑：杨　虹　尤凯曦
书籍设计：付金红　李永晶
责任校对：赵　菲

品质城镇化与教育
Quality Urbanization and Education
杨　秀　吴志强　著
*
中国建筑工业出版社出版、发行（北京海淀三里河路9号）
各地新华书店、建筑书店经销
北京雅盈中佳图文设计公司制版
北京富诚彩色印刷有限公司印刷
*

开本：787毫米×1092毫米　1/16　印张：$13\frac{3}{4}$　字数：240千字
2020年12月第一版　2020年12月第一次印刷
定价：80.00元
ISBN 978-7-112-24568-0
（35252）

版权所有　翻印必究
如有印装质量问题，可寄本社图书出版中心退换
（邮政编码 100037）